KB177622

임동석중국사상100

십팔사략
十八史略

曾先之 編 / 林東錫 譯註

《十八史略》
元, 曾先之 編次
陳殷 音釋. 王逢 點校. 何景春 捐俸刊

象犀珠玉怪竒之物　有悦於人之耳目　而
不適於用　而用之則弊　取之則竭五穀六材有
悦而適於用　用之則弊　取之則竭　悦於
目而適於用　得者因其才仁智之所惟書手隨賢

丁亥菊秋錄　東坡李氏山房藏書記　丘堂呂元九

"상아, 물소 뿔, 진주, 옥. 진괴한 이런 물건들은 사람의 이목은 즐겁게 하지만 쓰임에는 적절하지 않다. 그런가 하면 금석이나 초목, 실, 삼베, 오곡, 육재는 쓰임에는 적절하나 이를 사용하면 닳아지고 취하면 고갈된다. 그렇다면 사람의 이목을 즐겁게 하면서 이를 사용하기에도 적절하며, 써도 닳지 아니하고 취하여도 고갈되지 않고, 똑똑한 자나 불초한 자라도 그를 통해 얻는 바가 각기 그 자신의 재능에 따라주고, 어진 사람이나 지혜로운 사람이나 그를 통해 보는 바가 각기 그 자신의 분수에 따라주되 무엇이든지 구하여 얻지 못할 것이 없는 것은 오직 책뿐이로다!"

《소동파전집》(34) 〈이씨산방장서기〉에서 구당(丘堂) 여원구(呂元九) 선생의 글씨

〈靑銅奔馬〉(飛馬踏燕) 甘肅 武威 雷臺 출토

본권의 역사적 개괄(4)

동진東晉→남북조南北朝→수隋나라까지

❀ 본 《십팔사략》 제4권은 동진(東晉: 316~420년)이 건강(建康, 지금의 南京)에 재건국한 이래 남조(南朝: 宋, 齊, 梁, 陳: 490~589년)로 이어진 후 수隋나라 통일(581년)을 거쳐 수나라 멸망(619년)에 이르기까지의 역사를 다루고 있다. 한편 '오호십륙국五胡十六國'과 북조(北朝: 北魏, 東魏, 西魏, 北齊, 北周)의 역사는 동진東晉과 남조南朝의 기년紀年에 맞추어 그 역사와 일화, 제왕 등을 삽입하여 설명하는 체제를 취하고 있다.

따라서 전체 구성이 동진東晉 11황제(元帝, 明帝, 成帝, 康帝, 穆帝, 哀帝, 帝奕, 簡文帝, 孝武帝, 安帝, 恭帝)와 송宋(武帝, 廢帝, 文帝, 武皇帝, 廢帝, 明帝, 後廢帝, 順帝), 제齊(太祖, 武帝, 廢帝鬱林王, 廢帝海陵王, 明帝, 廢帝東昏侯, 和帝), 양梁(高祖, 簡文帝, 元帝, 敬帝), 진陳(高祖, 文帝, 廢帝臨海王, 宣帝, 後主長城煬公)을 거쳐 수隋나라의 문제文帝, 양제煬帝, 공제恭帝로 끝을 맺고 있다.

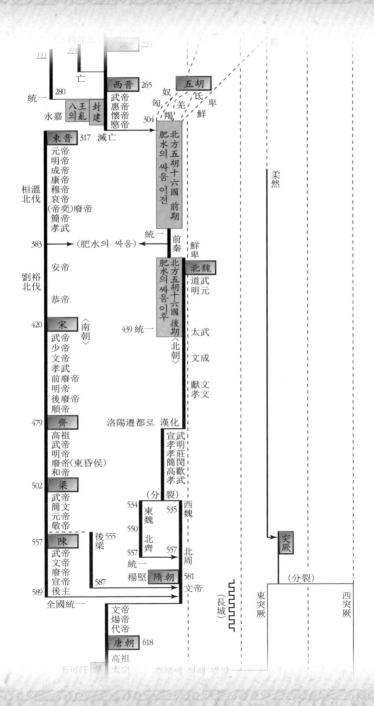

해설 <차례>(4)

Ⅰ. 동진東晉과 오호십륙국五胡十六國

1. 동진의 건국

서진西晉이 멸망하자 황족이었던 사마예司馬睿가 남방 장강長江 유역으로 옮겨 건강(建康, 남경)에 도읍하였다. 이가 곧 원제元帝이며 이 시대 이후를 '동진東晉'이라 한다. 이는 건강이 낙양洛陽에 비해 경도經度상 동쪽에 처하여 붙여진 이름이며 지역적으로는 황하 유역에서 장강 유역으로 남천한 것이다.

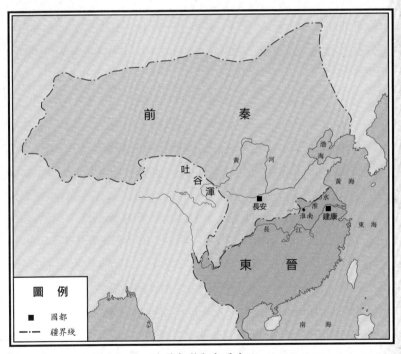

〈東晉과 前秦의 대치도〉

아울러 그는 실제 큰 세력은 없었고 오직 승상 왕도王導에 의해 중원中原의 귀족들을 이끌고 남으로 내려와 남방의 지지세력의 힘을 빌린 것이다. 이에 따라 동진 초기는 귀족 왕씨王氏와 황족 사마씨司馬氏가 함께 천하를 소유하고 있었던 셈이다.

그러나 남북의 호족들 사이에 권력 투쟁과 마찰이 끊임이 없어 내란이 잦고 정권이 불안정한 상태가 지속되었다.

2. 오호십륙국과 동진의 북벌

서진이 흉노에 의해 멸망당한 후 중원과 중국의 북방에서는 흉노匈奴, 선비鮮卑, 갈羯, 저氐, 강羌 등 민족의 통치자들이 일어서서 서로 할거하며 정권을 세웠다가 사라지곤 하였다. 이에 서남지역에 세워졌던 성한成漢을 합하여 모두 16개의 나라가 명멸하였다. 즉 흉노는 전조前趙, 북량北凉, 하夏를 세웠고, 선비는 전연前燕, 후연後燕, 서진西秦, 남량南凉, 남연南燕을 세웠으며, 갈羯은 후조後趙를, 저氐는 성成, 전진前秦, 후량後凉을, 강羌은 후진後秦을 세워 이들을 오호五胡라 하며, 거기에 한족漢族이 세웠던 전량前凉, 서량西凉, 북연北燕을 합하여 모두 '십륙국'이라 일컫는다. 실제로는 한인 염민冉閔의 염위(冉魏: 350년 1년)와 선비족鮮卑族 모용홍慕容泓의 서연(西燕: 384~394)이라는 나라도도 이 때 세워졌었으며, 북위北魏의 전신인 대국(代國: 315~376)도 있었지만 이들은 16국에 포함시키지 않는다.

한편 남천한 북방의 귀족들과 백성들은 고향을 그리워하며 북벌을 꾀하였다. 그 중 조적祖逖은 일찍이 군대를 이끌고 황하 이남을 수복하기도 하였으나(313년) 동진의 내분으로 인해 지지를 얻지 못하였다. 뒤에 환온桓溫이 세 차례의 북벌로 옛 도읍지 낙양洛陽을 수복하고 서울을 다시 그곳으로 옮길 것까지 주장하였으나 그의 찬탈 야심을 의심한 남방 대신들의 반대로 뜻을 이루지 못하였다.

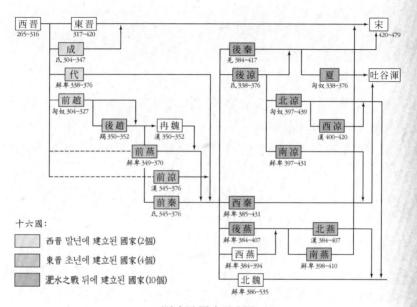

西晋 265~316	東晋 317~420		宋 420~479

成 氐 304~347

代 鮮卑 338~376

前趙 匈奴 304~327

後趙 羯 350~352 → 冉魏 漢 350~352

前燕 鮮卑 349~370

前涼 漢 345~376

前秦 氐 345~376

後秦 羌 384~417

後涼 氐 338~376

夏 匈奴 338~376

吐谷渾

北涼 匈奴 397~439

西涼 漢 400~420

南涼 鮮卑 397~431

西秦 鮮卑 385~431

後燕 鮮卑 384~407

北燕 漢 384~407

西燕 鮮卑 384~394

南燕 鮮卑 398~410

北魏 鮮卑 386~535

十六國 :

西晋 말년에 建立된 國家(2個)

東晋 초년에 建立된 國家(4個)

淝水之戰 뒤에 建立된 國家(10個)

〈兩晋과 十國의 分合圖〉

3. 비수지전淝水之戰

저족氐族이 세운 전진前秦은 부견苻堅에 이르러 한인漢人 왕맹王猛을 재상으로 삼아 다른 호족胡族을 누르고 농업을 중시하며 경제력을 키워 안정을 얻게 되었다. 이리하여 전진은 한 때 북방을 통일하여 강국으로 성장하였다.

이에 부견은 90만 대군을 이끌고 남방 동진東晉 정벌을 시도하기에 이르러 역사상 유명한 비수지전淝水之戰을 감행하게 된다. 그러나 부견은 지나친 자신감으로 적을 가볍게 여겼으며 게다가 전진의 군사는 서로 다른 민족들의 혼합으로 통솔이 쉽지 않은 상태였다. 한편 동진은 사석謝石과 사현謝玄이 8만 정병을 이끌고 이에 대항하여 낙간洛澗에서 전진의 전초부대를 대파하고 주력부대가 강을 경계로 대치상태에 들어갔다. 부견은 동진의 군사가 훈련이 매우 잘 되어 있는 모습을 보고 겁을 먹고 전의를 상실하고 말았다.

동진의 군사가 비수淝水에 이르러 이들을 완전히 궤멸시키자 전진의 군사는 바람소리, 학의 소리만 듣고도 놀랐다는 일화를 남겼으며 뿔뿔이 흩어져 부견의 위세는 크게 꺾이고 말았다.

이 비수지전으로 인해 전진 부견이 맹주 자리를 잃게 되자 북방은 다시 장기간의 혼란과 할거 시대를 맞았으며 남방은 오히려 잠시의 안정을 얻게 되었다.

4. 동진東晉의 멸망

동진은 종실과 호족 간에 정권다툼으로 날을 지새우는 형편이었으며 이 때문에 백성의 세 부담과 요역은 가중되어 결국 민생은 도탄에 빠지게 되었고 각지의 도적이 봉기하기 시작하였다.

비수지전 이후 탐관오리의 횡포는 더욱 심해졌으며 정국의 혼란은 심화되었다. 이를 틈타 환현桓玄이 제위를 찬탈하고 자립하자 유유劉裕가 기병하여 그를 죽여 진나라를 회복, 대권을 장악하게 되었다. 그러나 얼마 후 유유는 결국 진나라 공제恭帝를 폐위하고 자립하여 국호를 송宋으로 고치고 그 자리 건강(建康, 남경)을 도읍으로 정하여 남조南朝 시대를 열게 되었다. 동진은 이렇게 하여 결말을 고하게 된 것이다.

東晉世系圖
(A.D. 317~420)

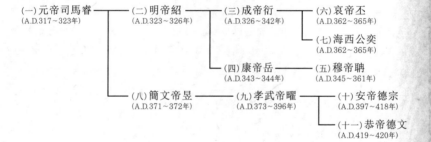

(一) 元帝司馬睿 —— (二) 明帝紹 —— (三) 成帝衍 —— (六) 哀帝丕
(A.D.317~323年)　　　(A.D.323~326年)　　(A.D.326~342年)　　(A.D.362~365年)

(七) 海西公奕
(A.D.362~365年)

(四) 康帝岳 —— (五) 穆帝聃
(A.D.343~344年)　(A.D.345~361年)

(八) 簡文帝昱 —— (九) 孝武帝曜 —— (十) 安帝德宗
(A.D.371~372年)　　(A.D.373~396年)　　(A.D.397~418年)

(十一) 恭帝德文
(A.D.419~420年)

II. 남북조南北朝

1. 남조의 교체

동진이 멸망한 뒤 170여 년간은 중국은 남북 대치 상태를 맞이하게 된다. 즉 남쪽은 건강(지금의 남경)을 도읍으로 하여 송宋, 제齊, 양梁, 진陳의 네 왕대가 차례로 이어갔다. 그러나 이들은 견고한 국가를 세우지는 못한 채 그저 장강長江 하류 일대를 통치하고 있었을 뿐이었으며 변경의 중요한 지역은 그곳의 장군이 군정軍政 대권을 쥐고 때에 따라 중앙 정권을 넘보기도 하는 혼란의 연속이었다.

2. 북조北朝의 분리와 통합

우선 북쪽은 선비족의 탁발씨拓跋氏가 북위北魏를 세워 북부를 통일하였지만 뒤에 선비 귀족의 사치와 부패로 인하여 민란이 끊이지 않게 되었고 결국 동위東魏와 서위西魏로 분열되고 말았다. 그리고 다시 동위는 북제北齊로, 서위는 북주北周로 대체되었으며 뒤에 북주北周는 북제北齊를 멸망시키고 중국 북방을 다시 통일하였다.

북주는 무제武帝 때에 농업을 중시하고 병농兵農 겸용 정책을 채택하여 한때 강력한 국가로 성장하였지만 선제宣帝에 이르러 다시 사치에 빠지고 말았다. 이에 외척 양견楊堅이 나타나 북주北周를 대신하여 황제를 칭하며 국호를 수隋로 정하고 아울러 남조의 마지막 왕조 진陳나라를 멸하여 중국 전체를 통일함으로써 남북대치의 시대를 마감하게 된다.

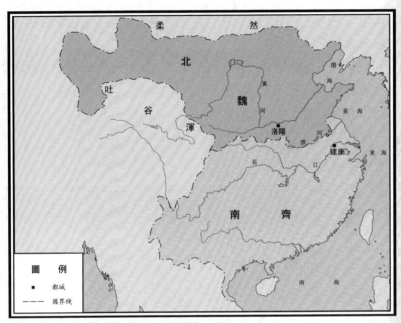

〈南齊와 北魏〉

3. 민족의 융합

북방을 이민족이 다스리기는 하였지만 그곳 백성의 절대다수는 한족이었다. 그러자 자연스럽게 호족이 한화漢化하는 경향이 아주 빠르게 진행되었으며 일부 이민족은 이를 적극 장려하기도 하였다.

우선 이들 중에 흉노의 한화가 가장 일찍 시작되었으며 선비족이 가장 심했다. 북위北魏는 효문제孝文帝 때 이르러 낙양洛陽으로 천도하면서 한화 정책을 폈다.

즉 탁발씨拓跋氏라는 성씨를 원씨元氏로 바꾸었으며 일반 선비인들도 모두 한족식의 성씨를 쓰도록 했다. 그리고 한어漢語를 사용하며 정부 조직과 관제도 중국식으로 바꾸었다. 게다가 선비족과 한족의 통혼을 장려하였고, 선비인 자신들의 고유 복장조차 금지하였다.

　　이처럼 북방 민족과 한족의 대융합은 위진 남북조시대에 가장 보편적으로 성행하였으며, 이로써 중국 민족의 확대를 통해 수당隋唐시대의 원만한 통일에도 지대한 영향을 끼치게 되었다.

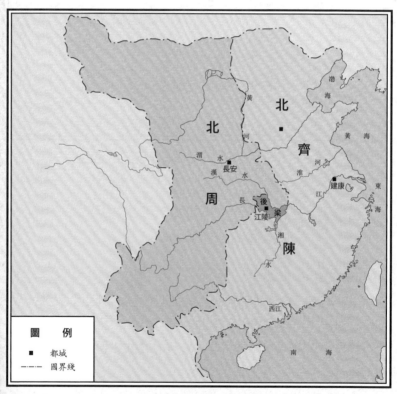

〈남북조 후기의 형세도〉

南朝世系圖
(A.D. 420~589)

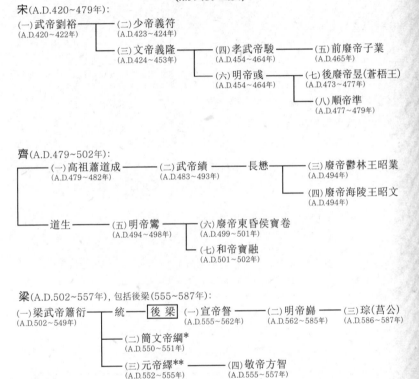

宋(A.D.420~479年):

(一)武帝劉裕
(A.D.420~422年)
├─ (二)少帝義符
│   (A.D.423~424年)
└─ (三)文帝義隆 ── (四)孝武帝駿 ── (五)前廢帝子業
    (A.D.424~453年)   (A.D.454~464年)   (A.D.465年)
                   └─ (六)明帝彧 ── (七)後廢帝昱(蒼梧王)
                      (A.D.454~464年)   (A.D.473~477年)
                                     └─ (八)順帝準
                                        (A.D.477~479年)

齊(A.D.479~502年):

├─ (一)高祖蕭道成 ── (二)武帝賾 ── 長懋 ── (三)廢帝鬱林王昭業
│   (A.D.479~482年)   (A.D.483~493年)   (A.D.494年)
│   └─ (四)廢帝海陵王昭文
│   (A.D.494年)
└─ 道生 ── (五)明帝鸞 ── (六)廢帝東昏侯寶卷
          (A.D.494~498年)   (A.D.499~501年)
                         └─ (七)和帝寶融
                            (A.D.501~502年)

梁(A.D.502~557年), 包括後梁(555~587年):

(一)梁武帝蕭衍 ── 統 ── 後梁 ── (一)宣帝詧 ── (二)明帝巋 ── (三)琮(莒公)
(A.D.502~549年)   (A.D.555~562年)   (A.D.562~585年)   (A.D.586~587年)
├─ (二)簡文帝綱*
│   (A.D.550~551年)
└─ (三)元帝繹** ── (四)敬帝方智
    (A.D.552~555年)   (A.D.555~557年)

* 간문제 퇴위 다음 豫章王(蕭棟)이 551~552년 재위함.
** 원제(소역)이 퇴위한 다음 貞陽侯(蕭淵明)이 1년 미만의 재위기간을 거침.

陳(A.D.557~589年):

(一)武帝陳霸先
(A.D.557~559年)
└─ 道譚 ── (二)文帝蒨 ── (三)廢帝伯宗(臨海王)
          (A.D.560~566年)   (A.D.567~568年)
        └─ (四)宣帝頊 ── (五)後主叔寶
           (A.D.569~582年)   (A.D.583~589年)

北朝世系圖
(A.D. 439~581)

北魏(A.D.386~534年), 東魏(534~550年), 西魏(535~556年)를 포괄함:

(一)道武帝拓跋珪 ── (二)明元帝嗣 ── (三)太武帝燾 ── 晃 ── (四)文成帝濬
(A.D.386~409年)　　　(A.D.409~423年)　　(A.D.424~452年)　　　(A.D.452~465年)

(五)獻文帝弘 ── (六)孝文帝元宏 ┬ (七)宣武帝恪 ── (八)孝明帝詡
(A.D.466~471年)　　(A.D.471~499年)　(A.D.500~515年)　　(A.D.516~528年)

　　　　├ 懷 ── (十一)孝武帝修
　　　　　　　　　　(A.D.532~534年)

　　　　├ 愉 ── 西魏 (一)文帝寶炬 ┬ (二)廢帝欽
　　　　　　　　　　　(A.D.535~551年)　　(A.D.552~554年)
　　　　　　　　　　　　　　　　　　　　└ (三)恭帝廓
　　　　　　　　　　　　　　　　　　　　　(A.D.554~556年)

　　　　└ 懌 ── 亶 ── 東魏 孝靜帝善見
　　　　　　　　　　　　　　(A.D.534~550年)

├ 勰 ── (九)孝莊帝子攸
　　　　(A.D.528~530年)

└ 羽 ── (十)節閔帝恭
　　　　(A.D.531~532年)

北齊(A.D.550~577年):

文帝宇文泰 ┬ (一)文宣帝洋 ── (二)廢帝殷
　　　　　　　(A.D.550~559年)　　(A.D.560年)

　　　　　├ (三)孝昭帝演
　　　　　　　(A.D.560~561年)

　　　　　└ (四)武成帝湛 ── (五)後主緯(溫公)
　　　　　　　(A.D.561~565年)　　(A.D.565~577年)

└ (六)幼主恒 (제나라가 망할 때 후주가 아들 高恒에게 자리를 물려주었으나,
　　　　　　　북주의 포로가 되어 1년 미만의 제위에 있었음.)

北周(A.D.557~581年):

文帝宇文泰 ┬ (一)孝閔帝覺
　　　　　　　(A.D.557年)

　　　　　├ (二)明帝毓
　　　　　　　(A.D.557~560年)

　　　　　└ (三)武帝邕 ── (四)宣帝贇 ── (五)靜帝闡
　　　　　　　(A.D.561~578年)　(A.D.579年)　　(A.D.579~581年)

● 남북조 교체와 분합

南北	國名	建國者	年代	都邑	滅亡
南朝	宋	劉裕	420~479	建康(南京)	齊에게
	齊	蕭道成	479~502	〃	梁에게
	梁	蕭衍	502~557	〃	陳에게
	陳	陳霸先	557~589	〃	隋에게
北朝	北魏	拓跋珪	386~534	平城(山西 大同), 494년 洛陽으로 遷都	東魏, 西魏로 분열
	東魏	拓跋元善	534~551	鄴(河南 臨漳)	北齊에게
	西魏	拓跋元寶炬	534~556	長安(西安)	北周에게
	北齊	高洋	551~578	鄴(河南 臨漳)	北周에게
	北周	宇文覺	556~581	長安(西安)	隋에게

ⓐ 581년 楊堅이 北周의 靜帝를 폐위하고 자립하여 국호를 隋로였으며 589년 최후로
南朝 陳을 멸하고 중국을 통일하였음.

Ⅲ. 수隋

1. 수나라의 건국

남북조 시대에 황하 유역의 한족이 대량 장강 유역으로 옮겨가면서 대신
그보다 북쪽에 거주하던 많은 소수민족이 황하 유역으로 남천하여 자리를 차지하
였고, 이들은 곧바로 한족의 영향을 입어 급속히 한화漢化하였다. 이리하여 중국
민족의 범위가 자연스럽게 넓어졌으며 민족 간의 갈등도 완화되는 현상을 보였다.
양견楊堅의 통일은 바로 이처럼 민족문제가 크게 대두되지 않았던 환경 속에
이루어졌던 것이다.

선비족鮮卑族의 우문씨宇文氏가 세웠던 북주北周는 북방 나라 중 마지막 왕조로
그 말년에 외척 양견楊堅에 의해 대권을 잃고 말았다.

즉 양견은 북주의 귀족으로 자신의 장녀가 바로 선제宣帝의 황후였으며 자신을
수국공隨國公에 봉해졌었다. 선제가 죽고 아들 정제靜帝가 8살로 뒤를 잇자 양견이
정치를 보좌하다가 이듬해 결국 정제를 폐위시키고 자신이 대권을 잡아 국호를
수隋라 하고 대흥(大興, 지금의 西安)을 도읍으로 하였다.(581년) 이가 곧 수隋 문제文帝
이다. 국호는 원래 자신의 봉지 이름 수국공隨國公에서 취하였으나 그 '隨'자가
지명이기는 하나 '고정되지 못한 뜻'이 있다 하여 'ㄴ'를 제거하고 '隋'자로 정하였다.

그리고 그는 개황開皇 9년(589)에 남조의 마지막 왕조인 진陳을 멸하고 270여
년간 지속되어온 남북대치상황을 마감하였던 것이다.

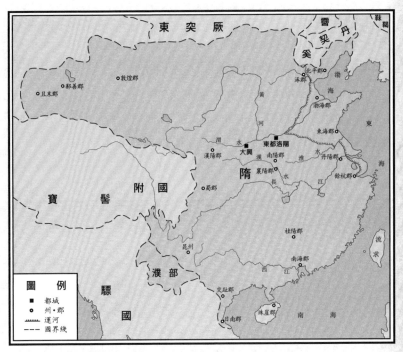

〈隋나라 영역도〉

2. 개황지치開皇之治

수隋 문제文帝는 전국 통일을 전후하여 우선 중앙집권을 강화하여 정치와 경제면에서 개혁정치를 서둘렀다. 이리하여 중앙관제는 내사성內史省, 문하성門下省, 상서성尙書省을 최고 통치기관으로 하고, 상서성 아래에 이부吏部, 호부戶部, 예부禮部, 병부兵部, 형부刑部, 공부工部를 두었다. 지방행정은 군제郡制를 폐지하고 주州와 현縣을 두 단계만 두었으며 각지의 관리를 모두 이부吏部에서 임면任免하여 중앙의 통제 기능을 강화하였다.

그리고 '부병제府兵制'를 실시하여 평시에는 생업에 종사하면서 전시에는 병역의 임무를 수행하도록 하는 한편, 호적을 정리하여 납세의 자료를 정확히 하여 국가 재정의 안정적 확보를 도모하였다. 또한 '균전제均田制'를 실시하여 농민이 안심하고 생산과 증대에 힘쓸 수 있도록 하였다.

　이상의 조치들은 성공을 거두어 수나라 초기 개황開皇 시대는 국고는 증대하였고 백성은 안정을 누려 흔히 이 시대를 '개황지치蓋皇之治'라 한다.

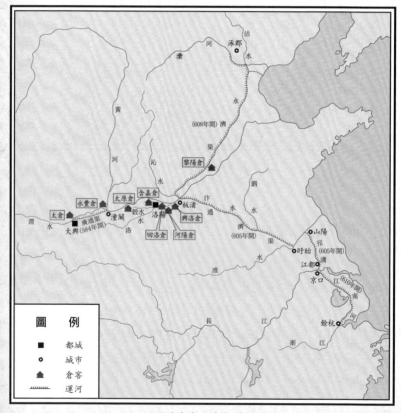

〈隋나라의 운하와 창고〉

3. 건설 공사

수 문제와 그 아들 수 양제煬帝는 대토목공사를 벌여 그 결과 그 뒤의 남북 소통과 통일국가의 형성에 지대한 영향을 끼쳤다. 우선 문제文帝는 국가에 바치는 양곡의 원활한 저장과 수송을 위하여 '관창官倉'을 만들었으며 흉년과 위급한 경우를 대비하여 '의창義倉'을 만들어 식량을 비축하도록 하였다. 그리고 조운漕運의 편리를 위하여 광통거廣通渠라는 운하를 파기 시작하였다.

뒤이은 양제煬帝는 남방 순행을 위하여 영제거永濟渠, 통제거通濟渠, 한구邗溝, 강남하江南河 등의 물길을 뚫어 남북을 대운하大運河로 연결하였다. 그리고 다시 여러 차례 장성長城을 수축하고 보수하여 돌궐突厥의 침입을 대비하기도 하였다.

4. 수나라의 멸망

(1) 양제煬帝의 폭정과 고구려高句麗 정벌의 실패

수 양제 양광楊廣은 중국 역사상 그리 흔치 않은 폭군 중의 하나로 알려져 있다. 문제(양견)의 둘째아들인 그는 형 양용(楊勇, 당시 태자였음)을 폐출하도록 계략을 꾸며 물리친 다음 604년 아버지 문제文帝가 위독해지자 이를 살해하고 제위를 차지할 정도였다. 그리고 곧바로 토목공사를 일으켰으며 무력 정벌과 무단정치에 온힘을 기울여 '개황지치'의 안정을 무너뜨리고 말았다.

그는 낙양洛陽에 새로운 궁궐을 지을 때 장정 2백만을 징용했으며 운하를 파고 장성을 수축하면서 엄청난 국고를 쏟아 부었다. 그리고 그 자신은 배를 타고 운하를 거쳐 남방을 순행하며 위세를 떨치기를 즐겨하여 그가 재위한 10여 년간 단 한 번도 거르는 해가 없었다. 그리고 그 때마다 수행하는 자가

2십만 명이 넘었으며 수천 척의 배가 2백 리를 이었고 그 배를 끄는 장정만도 8만 명이 넘었다고 한다. 게다가 그가 닿는 곳이면 이들을 대접해야 하는 지방 관리와 백성들은 그 비용과 고통을 감당해 낼 수가 없어 결국 도피하거나 유랑의 길로 사라지고 말았다고 한다.

그보다 양제의 결정적인 실책은 고구려高句麗 정벌이었다. 그는 이역에 자신의 위세를 떨치겠다는 욕심 아래 세 번이나 고구려와 전쟁을 벌였으며 그 때 동원된 군민軍民이 모두 3백여만에 이르렀다. 심지어 부녀자들까지도 이에 동원되었다. 특히 해전을 위한 전선戰船을 만들 때 목수들은 밤낮 물에 하반신을 담근 채 작업을 시키며 식사조차 물 밖으로 나와서 할 수 없도록 하여 허리 이하에 구더기가 생겨 죽어간 자가 열에 서넛씩이었다고 한다. 그러나 고구려와의 전쟁에 백여만 명이 전사하고 대실패로 막을 내리고 말았다. 이로써 민심은 이반하고 국운은 기울게 된 것이다.

(2) 수나라의 멸망

두 황제의 억압과 혹정 속에 수나라 말기에 전국에 흉년까지 겹쳐 백성들은 기아에 허덕였으나 정부에서는 의창義倉을 열지 않았다. 이에 굶주린 각지의 농민은 드디어 봉기하였고 이를 이용한 관리와 토호들은 다투어 영웅을 칭하며 할거하기 시작하였다. 그 때 태원太原의 유수留守 당국공唐國公 이연李淵도 아들 이세민李世民의 책동으로 반기를 들고 장안長安으로 진입하였다. 그는 멀리 강도 江都를 순수 중이던 양제煬帝를 제쳐두고 공제恭帝를 세워 정권을 쥐고는 대신 양제는 태상황太上皇으로 삼아 명의상 존재를 인정하였다.

그런데 각지의 봉기군들이 이연에게 항복하여 모여들자 이연은 부세와 요역을 감면하여 민심을 수습하고 있었다. 그런데 양제가 여전히 황음한 생활에서 벗어나지 못하자 대신 우문화급宇文化及이 정변을 일으켜 그만 그를 목 졸라 죽이고 말았다.

이연은 이 소식을 듣자 공제를 협박하여 제위를 선양받아 당唐을 세웠으며 이로써 수隋나라의 사직은 종언을 고하게 된다.(618)

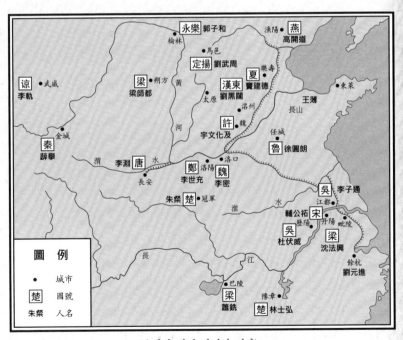

〈수나라 말기 각지의 민란〉

隋世系圖
(A.D. 581~618)

(一)隋文帝(楊堅) —— (二)煬帝(楊廣) —— 元德太子(楊昭) ┬ 代王(恭帝，楊侑)
(581—604年)   (605—618年)   (617—618年)
                                                                  └ 越王(皇泰帝，楊侗)
                                                                   (618—619年)

❀ 이상 《십팔사략》 제4권은 주로 《진서晉書》(房玄齡, 唐나라 때 완성, 총 130권)의 동진東晉 시기(中宗元皇帝, 元帝. 司馬睿)부터 남조의 《송서宋書》(梁, 沈約. 총 100권), 《남제서南齊書》(梁, 蕭子顯. 총 59권), 《양서梁書》(唐, 姚思廉. 총 56권), 《진서陳書》(唐, 姚思廉. 총 36권)와 《(후後) 위서魏書》(北齊, 魏收. 총 130권), 《북제서北齊書》(唐, 李百藥. 총 50권), 《주서周書》(唐, 令狐德棻. 총 50권), 《남사南史》(唐, 李延壽. 총 85권), 《북사北史》(唐, 李延壽. 총 80권), 그리고 《수서隋書》(唐, 魏徵. 총 100권)에서 역사적 사실을 본기本紀와 열전列傳, 세가世家 등을 축으로 하여 편년체編年體로 초략, 재구성한 것이다.

《十八史略》 卷四

(十三) 東晉

(十四) 南北朝

(가) 宋

차 례

❧ 세목細目

(十三) 東晉

1. 中宗元皇帝

3. 顯宗成皇帝

4. 康皇帝

5. 孝宗穆皇帝

6. 哀皇帝

7. 帝奕

8. 簡文皇帝

9. 烈宗孝武皇帝

11. 恭皇帝

(十四) 南北朝

(가) 宋

1. 高祖武皇帝

2. 廢帝滎陽王

3. 文皇帝

4. 孝武皇帝

5. 廢帝

6. 明皇帝

7. 後廢帝

4. 廢帝海陵王

5. 明皇帝

6. 廢帝東昏侯

7. 和皇帝

(다) 梁

1. 高祖武皇帝

2. 簡文皇帝

3. 元皇帝

4. 敬皇帝

(라) 陳

1. 高祖武皇帝

2. 文皇帝

3. 廢帝臨海王

4. 宣皇帝

5. 後主長城煬公

(十五) 隋

1. 高祖文皇帝

2. 煬皇帝

3. 恭皇帝

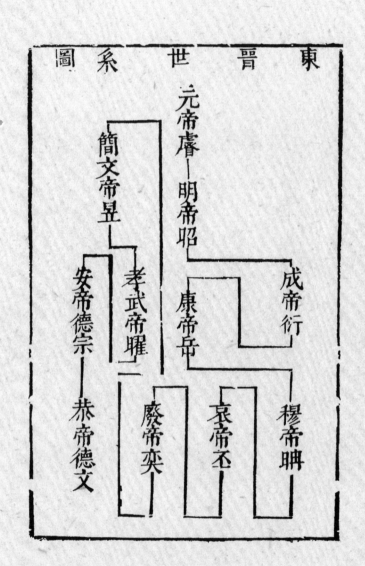

〈東晉世系圖〉《三才圖會》

(十三) 東晉

1. 中宗元皇帝

> ● 元帝. 東晉의 첫 황제.
> 司馬睿. 317년~323년 재위.

426 중종원황제中宗元皇帝

⑴ 우금牛今과 간통하여 낳은 사생아

중종원황제中宗元皇帝는 이름이 예司馬睿
이며 낭야왕琅琊王 주司馬伷의 손자이다.
선제宣帝 의司馬懿가 주伷를 낳았고 주는
근司馬覲을 낳았으며 근이 예를 낳았다.
혹은 예의 어머니가 낭야왕의 소리小吏
우금牛金과 간통하여 예를 낳았다고도
한다. 근覲에 이어 왕이 되었다. 서진西晉
의 혜제惠帝, 회제懷帝와는 종형제의 사이
이다.

〈진 원제〉《三才圖會》

中宗元皇帝:

名睿, 瑯琊王伷之孫也, 宣帝懿生伷, 伷生覲. 或曰睿母實與瑯琊小吏牛金通而生睿. 嗣覲爲王, 於惠懷爲再從兄弟.

【伷】音은 '주'.
【睿母】司馬睿의 어머니는 夏侯氏였음.

(2) 백륙연百六掾

회제 때에 예는 안동장군安東將軍이 되어 양주揚州의 여러 군사의 도독都督으로 건업建業을 진수하고 있었다. 예는 왕도王導를 참모로 하여 모든 일을 의논하였다. 예는 명망이나 평판도 본래 높지 않아 오吳 땅 사람들이 처음에는 그를 따르지 않았다. 왕도는 예에게 권하여 명망 있는 인물들을 등용토록 권하여 고영顧榮, 하순賀循, 기첨紀瞻 등을 속연屬掾으로 삼아 새로이 찾아온 자들과 원래 있던 백성을 위무하여 강동江東 사람들은 그에게 마음이 돌아오게 되었다.

뒤에 다시 유량庾亮과 변호卞壺 등 백여 명을 얻게 되어 이를 백륙연掾이라 불렀다.

懷帝時, 睿爲安東將軍, 都督揚州諸軍, 鎭建業. 睿以王導爲謀主, 每事咨焉. 睿名論素輕, 吳人初不附. 導勸用諸名勝, 顧榮賀循紀瞻等爲掾屬, 撫綏新舊, 江東歸心焉. 後又得亮庾卞壺等百餘人, 謂之百六掾.

【名勝】名望이 있는 자.
【掾屬】顧榮은 軍司로, 賀循은 內史, 紀瞻은 軍祭酒로 삼음.

(3) 강좌江左에는 관이오管夷吾

이때 환이桓彝가 난을 피해 강을 건너 내려왔는데 예가 미약함을 보고 걱정을 하고 있었다. 이윽고 그는 왕도를 만나고 물러나와 주의周顗에게 이렇게 말하였다.

"강좌江左에는 관이오管夷吾, 管仲가 있소. 나는 걱정하지 않소."

桓彝避亂過江, 見睿微弱憂之. 旣而見導, 退謂周顗曰:「江左有管夷吾, 吾無憂矣.」

【江左】江東을 말함.
【管夷吾】춘추시대 齊 桓公을 도와 패업을 이룬 管仲. 여기서는 王導를 비유함.

(4) 울고만 있을 수 없다

어느 날 여러 명사名士가 신정新亭에 모여 연회를 열었을 때 주의周顗가 좌중에 앉았다가 이렇게 탄식하였다.

"풍경이 특이함은 없으나 눈을 둘러보면 강수江水와 하수河水는 다른 점이 있구나."

이 말에 서로 얼굴을 바라보며 눈물을 흘리자 왕도王導가 말하였다.
"마땅히 왕실을 위해 죽을힘을 다하여 함께 신주神州를 회복해야
하오. 어찌 초수楚囚와 같이 마주앉아 울고만 있을 수 있소?"
　진晉 민제愍帝는 예司馬睿를 좌승상左丞相으로 삼았다.

　諸名士遊晏新亭, 顗中坐而歎曰:「風景不殊, 擧目有江河之異.」
因相視流涕, 導曰:「當勠力王室, 共復神州, 何至作楚囚對泣邪?」
愍帝以睿爲左丞相.

【神州】 中原을 가리킴. 西晉 시절의 고토. 中國의 다른 말.

(5) 문계기무聞鷄起舞

　낙양洛陽에 조적祖逖은 소년 시절부터 큰 뜻을 품고 있었다. 일찍이
유곤劉琨과 함께 자다가 밤중에 닭 우는 소리가 들리자 유곤을 걷어차고
일어나 이렇게 말하였다.
　"이것은 악성惡聲이 아니다!"
　그리고 일어나 춤을 추었다. 그리하여, 장강을 건너 남쪽으로 와서
예睿에게 군사를 내어달라 하였다. 예는 평소 북벌北伐할 뜻이 없어
조적祖逖을 예주豫州자사로 삼아 군사 천 명만 주고 갑옷 투구 등 무기는
주지 않았다. 조적은 강을 건너면서 중류에서 노를 두드리며 이렇게
맹세했었다.
　"나는 중원을 청소하지 못하고 다시 강을 건너는 일이 있다면 이
강과 같을 것이다."

洛陽祖逖少有大志, 嘗與劉琨同寢, 中夜聞鷄聲, 蹴琨起曰: 「此非惡聲也.」

因起舞.

及是南渡, 請兵於睿. 睿素無北伐之志, 以逖爲豫州刺史, 與兵千人, 不給鎧仗.

逖渡江, 中流擊楫而誓曰: 「祖逖不能淸中原, 而復濟者, 有如此江.」

【豫州】 九州의 하나로 지금의 하남성을 지칭함.

(6) 사마예司馬睿가 황제에 오르다

(312년)민제는 다시 예(사마예)를 승상으로 삼아 중외의 모든 군사를 감독하게 하였다. 장안이 함락되자, 예는 대군을 내어 야영하며 북벌北伐의 격문을 띄웠으나 실제로 이를 실행하지는 못하였다. 신하들이 진왕晉王의 자리에 오르도록 권하여 이듬해 드디어 황제의 자리에 올랐던 것이다.(317년)

愍帝又以睿爲丞相, 都督中外諸軍事. 長安陷, 睿出師露次, 移檄北征, 實不行. 羣臣勸卽晉王位, 明年遂卽皇帝位.

【露次】 野宿을 露次라 함.

◉ 원주의 본 장에 대한 史評은 다음과 같다.

林曰:「三代得天下以仁, 失天下以不仁. 天下之亡, 必有不仁之過, 然後失之.
漢元成哀平之際, 外戚擅權, 主柄下移, 遂爲新室所纂. 光武奮然起於隴畝,
復天下如反掌, 何則? 西漢之君, 無不仁之過及於民故也. 及東漢桓靈之主,
起黨錮之獄, 以害天下, 則已陷不仁之過矣. 由是黃巾賊起, 董卓繼之, 而曹操遂
以纂漢. 雖有蜀昭烈, 諸葛孔明, 強欲復之, 而天下莫從之者, 蓋漢之亡, 已陷
不仁之過也. 西晉之世, 蓋亦光武之世. 故視逖以謂晉室之亂, 非上無德下怨
叛也, 由宗室爭權, 遂使夷狄乘隙, 今誠能命將出師以復中原, 郡國豪傑, 必有
望風響應者矣. 惜乎! 元帝, 素無北伐之心, 雄武之略不足. 此所以卒不能經營
中原也.」

427 나보다 먼저 나설까 두렵다

태위太尉 유곤劉琨이 죽었다. 처음에 유곤은 조적祖逖과 함께 이름을
날렸는데 유곤은 사람들에게 이렇게 말하였다.

"나는 항상 조적이 나보다 앞서 채찍을 휘두를까 염려된다."

회제懷帝, 민제愍帝 때에 병주幷州 자사가 되어 유곤이 출군하게 되자
장사長史가 모반하여 석륵石勒에게 항복하고 말았다. 유주幽州 자사 단필제
段匹磾는 당시 계성薊城에 있었는데 사람을 보내어 유곤을 맞이하였다.
유곤은 무리를 이끌고 계성으로 달아나 단필제와 피를 마시며 동맹을
맺고 함께 진실晉室을 도울 것을 맹세하였다.

그런데 계성을 습격하여 빼앗으려는 자가 유곤에게 글을 보내어
내응內應해줄 것을 청하였다. 그 글이 순찰하는 기병에게 압수되었으니
유곤은 그 사실을 모르고 있었다. 마침내 유곤은 단필제에게 교살
당하고 말았다.

○ 太尉劉琨死. 初琨與祖逖齊名, 琨謂人曰:「常恐祖生先吾
著鞭.」

懷愍時爲幷州刺史, 琨出軍, 長史叛降石勒. 幽州刺史段匹磾,
時在薊城, 遣人邀琨, 琨率衆奔薊, 與匹磾歃血同盟, 翼戴晉室.
有欲襲取薊者, 遣書請琨爲內應. 書爲邏騎所獲, 而琨實不知也.
竟爲匹磾所縊.

【著】 '착'으로 읽음.(音張入聲. ─원주)
【幷州】 山西에 속하며 太原府.
【邏騎】 군사를 순유시킴을 '邏'라 함.(遊兵曰邏. ─원주)

428 후조後趙

한주漢主 유총劉聰이 죽고 아들 찬劉粲이 섰으나(318년) 그의 신하 근준
靳準이 유찬을 죽이고 스스로 한주가 되었다. 석륵石勒이 근준을 토멸하자
유요劉曜가 자립하여 석륵을 조공趙公에 봉하였다. 유요가 석륵을 의심
하자 석륵은 스스로 조왕趙王을 일컬었다.(319년)

유요도 한漢의 국호를 조趙로 고쳤으며, 석륵은 자신의 조나라를
후조後趙라 하였다.

○ 漢主劉聰卒, 子粲立, 其臣靳準弑而代之. 石勒討準, 劉曜
自立, 封勒爲趙公. 曜疑, 勒自稱趙王. 曜亦改號爲趙, 勒爲後趙.

429 포홍蒲洪

약양略陽 임위臨渭의 저족氐族 추장 포홍蒲洪은 용감하고 권모지략이
많아 여러 저족들은 두려워 그에게 복종하였다.
유총이 일찍이 그를 장군에 임명하였으나 그는 받지 않았다. 회제
때에 그는 약양공略陽公을 자칭하였다가 이때에 이르러 조주 요劉曜에게
항복하였다.

○ 略陽臨渭氐酋蒲洪, 驍勇多權略, 羣氐畏服之. 劉聰嘗拜
爲將軍, 不受. 在懷帝世, 自稱略陽公, 至是降于趙主曜.

【略陽】 汧州에 속하는 현 이름.
【蒲洪】 인명.

430 조적祖逖이 죽다

진晉의 예주豫州 자사 조적祖逖이 죽었다. 처음 조적은 초성譙城을 빼앗고 옹구雍丘로 나가 주둔하고 있었는데, 후조後趙의 진수하던 자들로 조적에게 귀부한 자가 심히 많았다. 조적은 장병들과 고락을 함께 하고 농상農桑을 권장하면서 새로 부귀해 오는 자를 위무하였다.

원제元帝는 대연戴淵을 장군으로 삼아 그곳에 부임하여 모든 군사를 감독하게 하였다. 조적祖逖은 자기가 가시밭길을 열어 하남河南 땅을 거두었는데, 대연이 슬며시 하루아침에 통치하게 되자 몹시 분하게 여겼다.

그리고 왕돈王敦이 조정과 틈이 벌어져 장차 내란이 있을 것이라 하여 중원中原 회복의 대공大功이 이루어질 수 없음을 알고 격분하여 병이 생겨 죽고 말았다. 예주 선비와 여인들은 모두 자신의 부모를 잃은 듯이 슬퍼하였다.

○ 晉豫州刺史祖逖卒. 初逖取譙城, 進屯雍丘, 後趙鎭戍, 歸逖者甚衆. 逖與將士同甘苦, 勸課農桑, 撫納新附. 帝以戴淵爲將軍, 來督諸軍事. 逖以己剪荊棘收河南地, 而淵雍容一旦來統之, 意甚怏怏. 又聞王敦與朝廷構隙, 將有內難, 知大功不遂, 感激發病卒. 豫州士女若喪父母.

【雍丘】汴梁에 속하는 읍.

431 모용외慕容廆

선비鮮卑의 모용외慕容廆가 이에 앞서 사신을 진晉나라에 파견하여 황제의 명령을 받아 평주平州 자사刺史가 되었었다. 이때에 이르러 모용외를 평주목平州牧, 요동공遼東公에 봉하였다.

○ 鮮卑慕容廆, 先是嘗遣使于晉, 受帝命, 爲平州刺史, 至是以爲平州牧遼東公.

【平州】 河東에 속하며 지금의 平陽府.

432 선비족鮮卑族의 흥기

(1) 의려猗盧가 대왕代王이 되다

처음 선비의 탁발록관拓跋祿官이 죽자 의려猗盧가 그들 삼부三部를 총괄하고 있었다. 유곤은 의려와 결탁해서 의형제를 맺고, 회제懷帝 때에 글을 올려 그를 대선우大單于로 삼고 대공代公에 봉하도록 해주었다. 의려는 부락을 이끌고 운중雲中에서 안문雁門에 들어갔다. 유곤이 그에게 정형井陘의 북쪽 땅을 주어 이로부터 의려의 세력이 더욱 창성하여졌다.

일찍이 그는 유곤의 도움을 받아 유요劉曜의 군사를 진양晉陽에서 크게 파하였다. 의려는 성락成樂에 성을 쌓아 북도北都로 하고 평성平城을 남도南都로 하였다.

민제愍帝는 의려의 작위를 높여 대왕代王을 삼고 속관을 두고 대代와 상산常山 두 군을 식읍으로 주었다.

○ 初拓跋祿官死, 猗盧總攝三部. 劉琨與猗盧, 結爲兄弟. 懷帝時, 表爲大單于, 封代公. 帥部落, 自雲中入雁門. 琨與以陘北之地, 由是益盛. 嘗爲琨援, 大敗劉曜之兵於晉陽. 猗盧城成樂爲北都, 平城爲南都. 愍帝進猗盧爵爲王, 置官屬, 食代常山二郡.

【帥】 '솔'(率)로 읽음.
【雁門】 郡 이름, 代州.
【井陘】 威州에 속하는 현.
【常山】 河北에 속하며 지금의 眞定府.

(2) 울률鬱律의 아들 십익건什翼犍

의려는 막내아들을 총애하여 그를 후사後嗣로 삼고 맏아들 육수六脩는
내보내고자 하여 육수로 하여금 아우에게 절을 하도록 하였다. 그러나
육수는 이에 따르지 아니하고 도망가버렸다. 의려는 크게 노하여 육수를
쳤으나 패하여 피살되었다. 의타猗𢐳의 아들 보근普根이 육수를 토멸하고
자립하였으나 얼마 뒤 죽고 말았다.

나라鮮卑 사람들이 의려의 아우의 아들 울률鬱律을 세웠으나 이때에
이르러 의타의 아내가 울률을 죽이고 자신의 아들 하녹賀傉을 세웠다.

울률의 아들 십익건什翼犍은 아직 강보에 싸여 있었는데 건의 어머니가
치마 속에 숨겨 죽음을 면하게 되었다.

猗盧愛少子, 欲立爲嗣, 而出其長子六脩, 使六脩拜其弟, 不從
而去. 大怒討之, 兵敗而遇弑. 猗𢐳之子普根, 討滅六脩而自立,
尋卒. 國人立猗盧弟之子鬱律, 至是猗𢐳之妻殺鬱律, 而立其
子賀傉. 鬱律子什翼犍, 在襁褓, 母匿之袴下, 得不殺.

【出】 '黜'과 같음.
【襁褓】 어린 아이를 싸서 업거나 안는 이불, 보자기.(織縷爲之以約小兒於背者.
  −원주)

433 왕돈王敦과 왕도王導

(1) 왕씨王氏와 사마씨司馬氏가 천하를 함께 가지고 있다

진晉나라 형주荊州 자사 왕돈 王敦이 모반하였다. 처음 원제 元帝가 강동江東을 진압하였을 때 왕돈은 사촌동생인 왕도와 마음을 합하여 황제를 보좌 하고 원제도 또한 그들을 신임 하여 중용하였었다.

왕돈은 정토征討의 업무를 총괄하였으며 왕도는 기밀 과 정사政事를 독차지하고

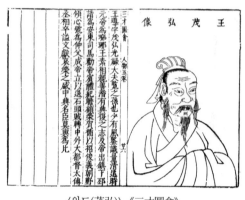

〈왕도(茂弘)〉《三才圖會》

있었고, 집안 사람들이 모두 중요한 자리를 차지하였다. 이리하여 당시 사람들은 이렇게 말하였다.

"왕씨와 사마씨가 천하를 함께 가지고 있다."

○ 晉荊州刺史王敦反. 初帝之始鎭江東也, 敦與從弟導, 同心 翼戴, 推心任之. 敦總征討, 導專機政, 羣從子弟, 布列顯要. 時人語曰: 『王與馬, 共天下.』

【王與馬】 王은 王敦의 집안, 馬는 晉나라 성씨 司馬氏을 뜻함.

⑵ 왕돈王敦의 모반

왕돈은 먼저 양주揚州 자사가 되어 정토征討의 여러 군사를 감독하였으며, 다시 승진하여 진동대장군鎭東大將軍이 외어 강주江州, 양주揚州, 형주荊州, 상주湘州, 교주交州, 광주廣州 등 육주의 군사軍事를 도독都督하였으며, 강주江州 자사가 되었다가 얼마 후 형주荊州 자사가 되었다. 그는 공을 믿고서 교만하고 방자하게 굴었다.

원제는 왕돈을 두려워하면서도 미워하여, 유외劉隗와 조협기協 등을 끌어들여 심복으로 삼아 차츰 왕씨의 권력을 줄여나갔다. 왕도王導 역시 자신이 점차 소외됨을 알게 되었다. 왕돈의 참모 전봉錢鳳 등은 흉악하고 교활하여 왕돈이 모반할 뜻이 있음을 알고는 몰래 그를 위해 계책을 꾸미고 있었다.

그러다가 이때에 이르러 왕돈은 드디어 무창武昌에서 거병하여 유외와 조협을 주벌한다는 명분을 내세웠다. 유외와 조협은 원제에게 왕씨를 죽여 없앨 것을 권하였으나 원제는 듣지 않았다.

敦先領揚州刺史, 都督征討諸軍, 進爲鎭東大將軍, 都督江揚荊湘交廣六州諸軍事, 江州刺史, 尋領荊州. 恃功驕恣. 帝畏惡之, 乃引劉隗刁協爲腹心, 稍抑損王氏權. 導亦漸見疎外. 敦參軍錢鳳等凶狡, 知敦有異志, 陰爲畫策.

至是敦遂擧兵武昌, 以誅劉隗刁協爲名. 隗協勸帝盡誅王氏, 帝不許.

【江】江西에 속하며 지금의 九江府.
【湘】湖南에 속하며 長沙郡.

【交】南粵에 있으며 交趾를 가리킴.
【廣】廣東.

(3) 주의周顗가 왕도王導를 살려주다

왕도는 일족을 거느리고 매일 아침 대관에 가서 자신의 죄를 기다렸다. 주의周顗가 장차 입궐하려 하자 왕도가 주의를 불러 이렇게 말하였다.

"백인伯仁, 주의, 백의 입으로 경을 번거롭게 하고자 하오."

주의는 돌아보지도 아니한 채 들어가 원제를 뵙고 왕도가 충성스러운 사람임을 말하여 그를 구제해 주기를 부탁하기에 심히 지극하였다. 원제는 그의 말을 받아들여 술을 내렸는데 주의가 취하여 물러 나오자 왕도는 다시 그를 불렀으나 주의는 더불어 말도 하지 아니한 채 좌우를 돌아보며 짐짓 이렇게 말하였다.

"금년에는 모든 도적들을 죽여버리고 말斗만한 금인金印을 얻어 이를 발목에 차고 다니리라."

그리고 나와서는 다시 표를 올려 왕도의 무죄함을 밝혔다.

導率宗族, 每旦詣臺待罪.

周顗將入, 導呼之曰:「伯仁, 以百口累卿.」

顗不顧, 入見帝, 言導忠誠, 申救甚至, 帝納其言, 顗醉而出, 導又呼, 顗不與言, 顧左右曰:「今年殺諸賊奴, 取金印如斗大繫肘後.」

旣出, 又上表明導無罪.

【臺】御史의 官府를 臺라 함.
【伯仁】周顗의 字.
【見】'현'(現)으로 읽음.
【肘】팔의 골절, 팔뚝.(臂節也. ―원주)

(4) 내 비록 주의伯仁을 죽이지는 않았지만

왕도는 이를 알지 못하고 주의에게 한을 품었다. 황제가 왕도를 불러 만나게 되자 왕도는 머리를 조아리며 아뢰었다.

"난신적자亂臣賊子가 어느 시대인들 없었겠습니까? 지금 저의 가까운 일족 중에 이런 자가 나올 줄은 생각지도 못했습니다."

원제는 맨발로 나가 그의 손을 잡으며 이렇게 말하였다.

"무홍(茂弘, 왕도), 바야흐로 그대에게 백리百里의 명을 맡기려 하오."

이리하여 그를 전봉대도독前鋒大都督으로 삼았다. 왕돈은 석두성石頭城에 이르러 이를 점거한 채 이렇게 말하였다.

"나는 다시는 왕도와 같은 성덕盛德을 행할 수 없다."

유외劉隗와 조협刁協 등은 길을 나누어 출전하였지만 크게 패하고 돌아왔다. 원제는 백관에게 명하여 석두성에 가서 왕돈을 만나 그를 설득케 하였다.

왕돈은 주의를 죽이기에 이르렀을 때 왕도는 이를 구해주지 않았다. 뒤에 왕도는 중서中書의 옛 기록을 검토하다가 주의가 올린 표를 보게 되었다. 왕도는 그제야 그가 자신을 살려준 것을 알고 그 글을 쥐고 눈물을 흘리면서 말하였다.

"내 비록 백인伯仁을 죽인 것은 아니지만 그는 나 때문에 죽었도다. 유명幽冥의 사이에 나는 이 좋은 벗을 배반하였구나."

왕돈은 입궐하지 아니하고 무창武昌으로 돌아가 버렸다.

導不知恨之, 帝召見導, 導稽首曰:「亂臣賊子, 何代無之? 不意今者近出臣族.」

帝跣而執其手曰:「茂弘, 方寄卿以百里之命.」

以爲前鋒大都督.

敦至石頭城據之, 曰:「吾不復得爲盛德事矣.」協隗等分道出戰, 大敗而還.

帝令百官詣石頭見敦. 敦殺周顗, 導不救.

後料檢中書故事, 見顗表, 執之流涕曰:「吾雖不殺伯仁, 伯仁由我而死. 幽冥之間, 負此良友.」

敦不朝而去, 還武昌.

【茂弘】王導의 字.

(5) 원제元帝가 죽다

원제는 근심과 분노로 그만 병을 얻어 죽고 말았다.(322년) 재위 6년에 연호를 세 번 바꾸어 건무建武, 태흥太興, 영창永昌이라 하였다. 태자가 오르니 이가 숙종명황제肅宗明皇帝이다.(323년)

帝憂憤成疾而崩. 在位六年, 改元者三, 曰建武·大興·永昌. 太子立, 是爲肅宗明皇帝.

● 원주의 본 장에 대한 史評은 다음과 같다.

胡曰:「王敦之視元帝, 甚輕何也? 正猶項羽謂懷王吾家所立耳. 加以西晉諸侯, 動輒興兵, 敦目擊習熟以爲常事也. 使敦回悖逆之心, 立忠義之節, 以其資力, 有事中原, 與祖逖之徒, 掎角進取, 必可克復舊物, 迎帝北歸, 巍巍之功, 孰得與並? 不此之慮, 乃甘心爲叛, 其亦不善擇術矣. 且有君而侮脅之, 我獨無臣子將佐部曲乎? 以我事君訓彼事我, 不亦殆乎?」

2. 肅宗明皇帝

● 明帝. 東晉의 제2대 황제.
司馬紹. 323년~326년 재위.

434 숙종명황제 肅宗明皇帝

(1) 해가 장안長安보다 가깝습니다

숙종명황제는 이름이 소司馬紹이며 어릴 때부터 총명하였다. 일찍이 사신이 장안으로부터 왔을 때 원제가 태자 소에게 물었다.

"장안이 가까울까, 해가 가까울까?"

소가 말하였다.

"장안이 가깝습니다. 장안에서 사람이 왔다는 소리를 들었지만 사람이 태양에서 왔다는 말은 듣지 못하였기 때문입니다."

원제는 그 대답을 기이하게 생각하여 어느 날 신하들과 말을 나누며 이를 언급하여 다시 소에게 물었다.

"태양 쪽이 가깝습니다."

원제가 놀라 물었다.

"어찌 지난날의 대답과 다르냐?"

그러자 소는 이렇게 말하였다.

"머리를 들면 태양은 보이지만 장안은 보이지 않습니다."

원제는 더욱 그를 기이하게 여겼다.

肅宗明皇帝:

名紹, 幼而聰慧. 嘗有使者從長安來, 元帝問紹曰:「長安近歟,
日近?」

紹曰:「長安近, 但聞人從長安來, 不聞人從日邊來.」

元帝奇其對, 一日與羣臣語及之, 復以問紹, 紹曰:「日近.」

元帝愕然曰:「何異聞者之言邪?」

紹曰:「擧頭見日, 不見長安.」

元帝益奇之.

(2) 태자를 두려워한 왕돈王敦

태자는 자라면서 인효仁孝하였으며 문사를 좋아하고 무예에 뛰어났다.
게다가 어진 이를 존경하며 선비를 예로써 대우하였으며 규간하는
말은 받아들였고, 유량庾亮과 온교溫嶠 등과 포의지교를 맺기도 하였다.
 이 때 왕돈은 석두성石頭城에 있었는데 태자의 용략함을 두려워하여,
불효不孝하다는 허물로 그를 무고하여 폐하려고 하였다. 그러나 온교
등의 중론에 힘입어 그 모략은 저지되어 이때에 이르러 제위에 올랐던
것이다. 왕돈은 제위를 찬탈할 모략을 꾸미며 다시 고숙姑熟으로 옮겨
주둔하면서 스스로 양주목揚州牧이 되었다.

及長仁孝, 喜文辭善武藝. 好賢禮士, 受規諫. 與庾亮溫嶠等,
爲布衣之交. 敦在石頭, 以其有勇略, 欲誣以不孝而廢之. 賴嶠
等衆論沮其謀, 至是卽位. 敦謀篡位, 移屯姑熟, 自領揚州牧.

【姑熟】江東에 속하는 군으로 지금의 太平府.

435 왕도王導의 최후

(1) 내 목숨은 오늘로 끝납니다

명제明帝는 왕도王導를 사도司徒로 삼아 대도독大都督의 직위까지 얹어주면서 여러 군사를 이끌고 왕돈을 토벌하도록 하였다. 왕돈은 다시 반란을 일으켜 군사를 내었으나 병이 들고 말았다. 그리하여 곽박郭璞에게 점을 쳐 보도록 하자 곽박이 말하였다.

"명공께서 일을 일으켰으나 화가 틀림없이 머지않아 다가올 것입니다."

왕돈은 크게 노하여 말하였다.

"너는 몇 살까지 살 수 있느냐?"

곽박이 말하였다.

"내 목숨은 오늘로 끝날 것입니다."

왕돈은 곽박을 베어 죽여버렸다.

○ 以王導爲司徒, 加大都督, 督諸軍討敦. 敦復反, 發兵而病.
使郭璞筮之, 璞曰:「明公起事, 禍必不久.」
敦大怒曰:「卿壽幾何?」
璞曰:「命盡今日日中.」
敦斬之.

(2) 선비鮮卑의 아들

　명제는 몸소 나가서 왕돈의 군사를 살폈다. 왕돈은 낮잠을 자고 있었는데 해가 자신의 병영을 돌고 있는 꿈을 꾸고 놀라 깨어나 말하였다.

　"누런 수염의 선비鮮卑의 아들이 왔느냐?"

　명제의 어머니 순씨荀氏는 선비 출신이었다. 왕돈은 급히 사람을 보내어 이를 추격했으나 미치지 못하였다.

　帝自出覘敦軍, 敦晝夢日環其營, 驚悟曰:「黃鬚鮮卑兒來邪?」帝母鮮卑出也. 亟遣人追之, 不及.

【覘】 몰래 살펴봄.(窺也.)

【鮮卑出也】 明帝의 어머니 荀氏는 燕人이었다. 그리하여 명제는 모습이 외인 같아 누런 수염이 났었다.

(3) 이제 끝났도다

　명제는 여러 군사를 이끌고 남황당南皇堂에 주둔하면서 밤에 장사를 모집하여 강을 건너고 왕돈의 형 왕함王含의 군대를 습격하여 크게 깨뜨렸다. 왕돈은 왕함이 패하였다는 말을 듣고 이렇게 말하였다.

　"내 형은 늙은 비녀婢女와 같을 따름이다. 우리 집안은 쇠잔해지고 세상의 일도 나에게서 떠났구나."

　그리고 기운을 내어 자신이 나서려고 하였으나 힘이 다하여 다시 눕고 말았으며 얼마 후 죽고 말았다.

帝帥諸軍, 出屯南皇堂, 夜募壯士, 渡水掩敦兄王含軍, 大破之.
敦聞含敗, 曰:「我兄老婢耳. 門戶衰世事去矣.」
　因作勢起欲自行, 困乏復臥, 尋卒.

【南皇堂】江寧縣의 북쪽에 있음.

(4) 대의멸친大義滅親

　왕돈의 잔당이 모두 평정되었고 왕돈은 참시되었다. 유사有司가 왕씨
형제들의 죄를 상주하자 황제는 이렇게 조칙詔勅을 내렸다.
　"사도司徒 왕도는 대의멸친大義滅親의 공이 있으니 장차 10대까지 용서
하여 더 이상 죄를 묻지 않을 것이다."

　敦黨悉平, 發敦屍斬之.
　有司奏罪王氏兄弟, 詔曰:「司徒導以大義滅親, 將十世宥之,
悉無所問.」

436 도간陶侃

(1) 머리카락을 잘라 범규范逵를 대접한 도간의 어머니

황제는 도간陶侃에게 형주荊州, 상주湘州 등 여러 주의 군사軍事를 도독都督하도록 하였다. 도간은 어린데다 고아이고 가난하였는데, 효렴孝廉에 합격한 범규范逵가 그를 방문하였다. 그러자 도간의 어머니 잠씨湛氏는 자신의 머리카락을 잘라서 팔아 술과 음식을 마련해서 내어놓았다. 범규가 도간을 추천하자 드디어 도간의 이름이 알려지게 되었다.

처음 도간은 형주荊州 도독都督 유홍劉弘에게 발탁되어 의양義陽에서 모반한 만족蠻族 장창張昌을 토벌하였고, 다시 강동江東의 반장叛將 진민陳敏을 토벌하였으며, 다시 상주湘州의 극악한 도적 두도杜弢를 토벌하였다. 그리하여 강하江夏 태수에서 형주자사에 오른 것이다.

○ 以陶都督荊湘等州諸軍事. 侃少孤貧, 孝廉范逵過之. 侃母湛氏, 截髮賣爲酒食. 逵薦侃, 遂知名. 初爲荊州都督劉弘所用, 討義陽叛蠻張昌, 又討破江東叛將陳敏, 又擊破湘州劇賊杜弢. 自江夏太守, 爲荊州刺史.

【孝廉】范逵는 처음에 孝廉으로 추천되어 벼슬길에 들었음.
【義陽】河南에 속하는 군으로 지금의 信陽州.
【江夏】郡 이름. 武昌.

(2) 촌음을 아껴라

왕돈王敦은 도간을 미워하여 광주廣州자사로 좌천시켰는데 그가 광주에 있을 때 아침마다 1백 장의 큰 기와를 집 밖으로 내어놓았다가 저녁이면 이를 다시 집 안으로 들여다 놓는 것이었다. 사람이 그 이유를 묻자 도간은 이렇게 대답하였다.

"나는 바야흐로 중원에 힘을 쏟을 것이오. 그래서 노고로움을 연습하는 것일 뿐이오."

이때에 이르러 그가 다시 형주를 다스리게 되자 형주의 백성들은 서로 경사라 여기며 좋아하였다. 도간은 성격이 총민하고 공근恭勤하였다. 그는 일찍이 이렇게 말을 하였다.

"대우大禹 같은 성인도 촌음寸陰을 아끼셨다. 우리 같은 무리라면 의당 분음分陰도 아껴야 할 것이다."

그리고 여러 참좌參佐들의 술잔과 저포樗蒲를 거두어 모두 강에 던져버리면서 이렇게 말하였다.

"저포란 놀음은 돼지 치는 무리들이나 하는 장난이다."

또 어느 때 배를 만들면서 그 남은 대나무와 부스러기를 장부에 기록하여 이를 관리하도록 하였다. 뒤에 정회正會에 오던 눈이 멎어 땅이 질퍽거리자 그 부스러기를 땅에 깔게 하였다. 또 뒤에 환온桓溫이 촉蜀을 정벌할 때 도간이 보관해 두었던 대나무 잔목으로 못을 삼아 배를 수리하였다. 도간의 일 처리는 이렇게 면밀하였다.

王敦疾之, 左遷廣州刺史, 侃在州, 朝運百甓於齋外, 暮運於齋內.

人問其故, 答曰:「吾方致力中原, 故習勞耳.」

至是復鎭荊州, 士女相慶.

侃性聰敏恭勤, 嘗曰:「大禹聖人, 乃惜寸陰. 衆人當惜分陰.」
取諸參佐酒器蒲博具, 悉投於江曰:「樗蒲者牧豬奴戲耳.」
嘗造船, 籍竹頭木屑而掌之. 後正會雪霽地濕, 以木屑布地.
及後有征蜀之師, 得侃竹頭, 作釘裝船. 其綜理微密類此.

【左遷】《通鑑》注에 "손과 발은 오른쪽이 강하여 좌천이란 말은 폄하하여 옮김을
뜻한다"라 함.(通鑑注: 在手足不如右强, 左遷者貶下也. －원주)
【樗蒲】당시 유행하던 도박의 일종으로 雙陸이라고도 함.

437 명제明帝가 죽다

황제가 죽었다.(325년) 재위 3년에 연호를 고쳐 태녕太寧이라 하였다.
태자가 오르니(326년) 이가 현종顯宗 성황제成皇帝이다.

○ 帝崩. 在位三年, 改元者一: 曰太寧. 太子立, 是爲顯宗成皇帝.

3. 顯宗成皇帝

> ☸ 成帝. 東晉의 제3대 황제.
> 司馬衍. 326년~342년 재위.

438 현종성황제 顯宗成皇帝

현종顯宗 성황제成皇帝는 이름이 연司馬衍이며 어머니는 유씨庾氏였다.
다섯 살에 즉위하여(326년) 사도司徒 왕도王導가 황제의 외삼촌 중서령中書令
유량庾亮과 함께 정치를 보좌하였고 태후太后가 섭정하였다.

顯宗成皇帝:
名衍, 母庾氏. 五歲卽位, 司徒導, 與帝舅中書令庾亮輔政,
太后臨朝.

439 소준蘇峻의 반란

역양歷陽 내사 소준蘇峻이 반란을 일으켰다. 소준은 전에 임회臨淮의
수령이었는데 왕돈이 다시 궁중으로 쳐들어갈 때 궁중으로 들어가
이를 지켜낸 공로로 덕망이 점차 드러나게 되었다.

역양에 있을 때 그의 군사는 강하고 무기도 훌륭하였다. 이리하여
그는 조정을 가벼이 여기며 도망자를 불러들여 거사할 준비를 하고
있었다. 유량庾亮은 석두성石頭城을 수리하여 이에 대비하면서 소준을
불러들여 대사농大司農을 삼도록 건의하여 청하였다. 그러나 소준이
거병하여 고숙姑孰을 함락하자 상서령 변호卞壼가 군사를 감독하며 소준과
힘을 다하여 싸우다가 전사하고 말았고, 그의 두 아들도 아버지를
따라 나갔다가 역시 적진으로 뛰어들어 전사하였다. 어머니가 그 시신을
어루만지며 말하였다.

"아버지는 충신이 되고 아들은 효자가 되었으니 무슨 한이 있겠는가?"

유량은 패하여 달아났고 소준의 군사가 궁궐로 쳐들어가자 도간陶侃과
온교溫嶠가 궁중으로 들어가 소준을 쳐서 베었다.

○ 歷陽內史蘇峻反. 峻前守臨淮, 於王敦再犯闕時, 入衛有功,
威望漸著. 及在歷陽, 卒銳器精, 志輕朝廷, 招納亡命. 庾亮修石
頭城, 以備之, 建請徵峻, 爲大司農. 峻擧兵陷姑孰, 尚書令卞壼
督軍, 與峻力戰. 死二子隨之, 亦赴敵死.

母撫其屍曰:「父爲忠臣, 子爲孝子, 何恨?」

庾亮出奔, 峻兵犯闕, 陶侃溫嶠, 入討峻斬之.

【歷陽】淮西에 속하는 군으로 지금의 和州.
【臨淮】淮東에 속하던 府.

440 전조前趙의 멸망

후조後趙의 군주 석륵石勒이 조趙나라 군사를 대파하여 조주趙主 유요劉曜를 사로잡았다. 유요는 석륵과 연달아 공방을 벌여 승패가 나지 않았다.

유요가 후조의 금용성金墉城을 공격하자 석륵은 스스로 장수가 되어 이를 구하여 낙양에서 크게 싸웠다. 조나라 병사는 크게 궤멸하였고 유요는 술에 취해 말에서 떨어져 석륵에게 사로잡히고 말았다. 석륵은 돌아와 유요를 죽여버렸고 전조前趙는 멸망하고 말았다.(329년)

○ 後趙主石勒, 大破趙兵, 獲趙主劉曜. 曜與勒連攻戰, 互勝負. 曜攻後趙金墉城, 勒自將救之, 大戰于洛陽. 趙兵大潰, 曜醉墮馬, 爲勒獲. 歸殺之, 前趙亡.

【金墉城】洛陽의 서북쪽에 있는 성.
【前趙亡】이상은 조나라 劉淵이 惠帝 永興 元年에 호를 참칭한 이래 漢과 趙를 거쳐 이때에 이르러 四世이며 모두 37년이다.(右趙劉淵自惠帝永興元年僭號, 爲漢爲趙, 至是四世. 合三十七年. −원주)

441 온교溫嶠

진晉나라 표기장군驃騎將軍 온교溫嶠가 죽었다. 온교는 처음에 유곤劉琨에게 강동江東으로 파견되도록 하였는데, 그의 어머니가 가지 말도록 하였지만 옷소매를 뿌리치고 떠났었다.

이윽고 그곳에 이르고 나서 다시는 북쪽으로 돌아올 수가 없어 종신토록 이를 한스럽게 여겼다. 온교는 진나라 왕실에 마음을 다하였으며 왕돈의 난과 소준의 난이 평정된 것도 모두 온교의 힘이었다.

○ 晉驃騎將軍溫嶠卒. 嶠初爲劉琨所遣, 使江東. 母不欲, 嶠絶裾而去. 旣至, 不復得歸北, 終身以爲恨. 嶠盡心晉室, 敦峻之平, 皆嶠力.

【敦峻】 王敦과 蘇峻.

442 후조後趙의 석륵石勒

(1) 중원中原의 사슴이 누구의 손에

후조後趙 석륵石勒이 천왕天王을 칭하였다가 뒤이어 황제를 일컬었다. 일찍이 그는 신하들에게 큰 잔치를 베풀며 이렇게 물었다.

"짐은 옛날의 어떤 임금과 비교할 만하오?"

어떤 자가 말하였다.

"한 고조보다 낫습니다."

석륵이 웃으며 말하였다.

"사람이 어찌 자신을 모르겠소? 경의 말은 지나쳤소. 만약 고조를 만났다면 마땅히 북면하여 섬기면서 그저 한신韓信이나 팽월彭越 등과 어깨를 나란히 할 정도였을 것이오. 그리고 광무제光武帝 같은 이를 만났다면 함께 중원을 달려 사슴이 누구의 손에 죽을 것인지도 몰랐을 것이오. 대장부가 하는 일에 의당 뇌뢰낙락하여 마치 해나 달과 같이 밝아야 하오. 조맹덕曹孟德이나 사마중달司馬仲達이 고아孤兒나 과부를 속이고 여우처럼 아첨하여 천하를 탈취하는 짓은 본받아서는 안 되오."

○ 後趙石勒稱天王, 尋稱帝.

嘗大饗羣臣, 問曰:「朕可方古何主?」

或曰:「過於漢高.」

勒笑曰:「人豈不自知? 卿言太過, 若遇高帝, 當北面事之. 與韓彭比肩耳. 若遇光武, 當並驅中原, 未知鹿死誰手. 大丈夫行事, 當礧礧落落, 如日月皎然. 終不效曹孟德司馬仲達, 欺人孤兒寡婦, 狐媚以取天下也.」

【韓彭】 韓信과 彭越.

【曹孟德】 魏나라 무제(太祖) 曹操를 가리킴.

【司馬仲達】 晉나라 宣帝. 司馬懿.

● 본 장에 대한 胡氏의 史評은 다음과 같다.

胡曰: 「石季龍謂人豈不自知, 信矣. 而未知知人之不易也. 光武之於漢高, 猶武
王之於文王也. 勒謂遇漢高卽與韓彭比肩, 遇光武則當並驅中原. 是以光武爲
韓彭之流, 豈知光武者哉? 漢高開四百年基業, 身後之慮, 付之平勃王陵, 危而扶,
顚而持, 迄以大安. 石勒肉未及冷, 妻子已不自保. 徐光乃謂: 神武謀略, 過於
漢高. 主有侈心, 臣進諛說, 其不能長世也, 宜哉!」

(2) 배운 것은 없지만

석륵은 비록 배운 것은 없었지만 남에게 글을 읽게 하고 그것을 듣기를
좋아하였다. 그리하여 때때로 자기의 의견으로 사물의 이해득실을 논하
였는데 듣는 이가 모두 즐거워 탄복하였다. 일찍이 《한서漢書》를 읽도록
하여 이를 듣고 있다가 역이기酈食其가 고조高祖에게 육국六國의 뒤를
세울 것을 권한 곳에 이르자 놀라 이렇게 말하였다.

"그러한 방법은 실패하고 말 것이다. 그렇게 하고도 고조는 어찌
천하를 얻었을까?"

그리고 장량張良이 한왕漢王을 간하여 육국의 뒤를 세우지 않는 것이
좋겠다고 주장한 구절에 이르자 이렇게 말하였다.

"이 덕분에 천하를 얻은 것이로구나."

뒤에 석륵은 진나라에 사신을 보내어 수교修交하려 하였으나 진나라는
그 선물을 태워버리고 거절하였다. 석륵이 죽고 그 아들 홍石弘이 섰다.
(334년)

勒雖不學, 好使人讀書而聽之.

　時以其意論得失, 聞者悅服. 嘗聽讀漢書, 至酈食其勸立六
國後, 驚曰:「此法當失, 何以遂得天下?」

　及聞張良諫, 乃曰:「賴有此耳.」

　後遣使修好于晉, 晉焚其幣. 勒卒, 子弘立.

【漢書】 班固가 前漢(西漢) 시대의 역사를 쓴 정사.

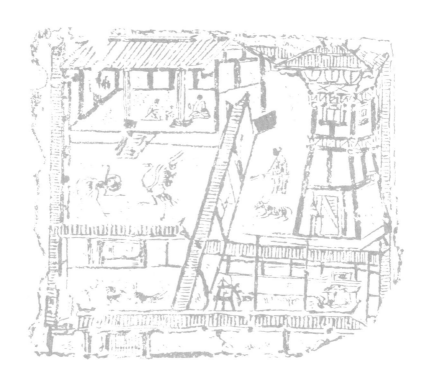

443 날개가 부러지는 꿈

진 태위太尉 도간陶侃이 죽었다. 도간은 여덟 주州의 도독都督으로 그 이름이 혁연하였다. 어떤 이가 말하였다.

"도간은 일찍이 꿈에 날개가 여덟이 나서 천문天門으로 올라가 팔중八重에 이르렀으나 왼쪽 날개가 부러져 떨어졌던 적이 있다."

그의 힘은 능히 발호할 만하였으나 그 때마다 날개가 부러진 꿈을 생각하고는 문득 자제하였다.

도간은 군軍에 있기 41년 동안 사리에 밝고 결단력이 있어 누구도 그를 속이지 못하였다. 그리하여 남릉南陵으로부터 백제白帝에 이르도록 수천 리 지역의 길에 물건이 떨어져 있어도 줍는 사람이 없었다.

○ 晉大尉陶侃卒. 侃都督八州, 威名赫然.

或謂:「侃嘗夢生八翼上天門, 至八重折左翼而下.」

力能跋扈, 每思折翼之夢, 輒自制. 在軍四十一年, 明毅善斷, 人不能欺, 自南陵至白帝, 數千里, 路不拾遺.

【八州】明帝 때 荊州, 湘州, 雍州, 梁州의 도독을, 成帝 때에는 交州, 廣州, 荊州, 江州의 도독을 지냈음.
【南陵】江東에 속하는 군으로 지금의 寧國府.
【白帝】夔州에 있는 성.

444 석호石虎

후조後趙 석호石虎가 그 주군主君 홍石弘을 죽이고 자립하여 조천왕
趙天王이 되어 석륵의 종족을 남기지 않고 죽여버렸다.(335년)

○ 後趙石虎, 殺其主弘, 而自立爲趙天王, 殺勒種無遺.

445 성成이 국호를 한漢으로 바꾸다

성국成國이 국호를 한漢이라 고쳤다. 이웅李雄이 형의 아들 반李班을 태자로 삼았었는데 웅이 죽자 반이 섰다. 웅의 아들 월李越은 반을 죽이고 스스로 그의 아우 기李期를 세웠다. 기는 아버지 웅의 아우 한왕漢王 수李壽의 위명威名을 꺼려 그를 외지로 보내어 둔영屯營을 지키게 하였다. 이에 수가 돌아와 기를 죽이고 자립하였다.(338년)

○ 成改國號曰漢. 李雄以兄子班爲太子, 雄卒, 班立. 雄子越, 殺班而自立其弟期. 期忌雄弟漢王壽威名, 使出屯于外. 壽還襲, 弑期而自立.

446 강성해지기 시작한 탁발씨拓跋氏

　　대왕代王 십익건什翼犍이 섰다.(338년) 이에 앞서 대왕 하녹賀傉이 죽고
그 아우 흘나紇那가 뒤를 이었는데 흘나도 달아나버려 울률鬱律의 아들
예괴翳槐가 섰다. 그런데 흘나가 다시 돌아오자 예괴는 조趙로 달아났다.
조나라는 예괴를 받아 대代로 되돌아가 왕이 되게 하였다. 예괴는
임종할 때 여러 대인추장들에게 자신의 아우 십익건什翼犍을 세우도록
명하였다.

　　의려猗廬가 죽고 나서 내란이 잦아 부족部族이 흩어져 있었는데 십익건은
용감하고 지략이 있어 조상의 업을 능히 잘 닦아 처음으로 백관을
제정하여 호령이 명백하고 정치가 간략하여 백성들이 편안히 여기게
되었다.

　　이에 이르러 동쪽은 예맥濊貊으로부터 서쪽은 파라나破落那까지, 그리고
남쪽은 음산陰山을 걸쳐 북쪽은 사막 끝까지 모두가 귀의하여 복종하였다.
이리하여 무리가 수십만에 이르러 탁발씨拓跋氏는 이로부터 더욱 강대해
지기 시작하였다.

　　○ 代王什翼犍立. 先是代王賀傉卒, 弟紇那嗣, 紇那出奔, 鬱律
子翳槐立. 紇那復還, 翳槐奔趙. 趙納翳槐于代. 翳槐臨卒, 命諸
大人, 立弟什翼犍.

　　自猗盧死, 國多內難, 部落離散. 什翼犍雄勇有智略, 能修祖業,
始制百官. 號令明白, 政事淸簡, 百姓安之. 於是東自濊貊, 西及
破落那, 南距陰山, 北盡沙漠, 率皆歸服. 有衆數十萬人. 拓跋氏
自是愈大.

【大人】 우두머리라는 뜻.(長也. -원주)

【濊貊】 高句麗 종족으로 朝鮮의 동쪽에 있었음.

【破落那】 大宛의 후예로 疏勒의 西北쪽에 있었음.

【陰山】 開平에 속하는 현.

〈宴樂圖〉 甘肅 嘉峪關 魏晉墓 출토

447 왕도王導와 유량庾亮

(1) 겨우 쌀값을 묻다니

진晉 승상丞相 왕도王導가 죽었다. 처음에 황제는 즉위하여 가 제위에 올랐을 때 충司馬沖은 어려 왕도를 볼 때마다 반드시 절하였었는데 이미 관례를 행한 뒤에도 역시 그렇게 하였다. 그리하여 왕도에게 정치를 맡겼다. 왕도는 자신의 가문을 근거로 왕술王述을 속관으로 삼았다. 왕술은 아직 이름이 알려져 있지 않아 사람들은 그를 바보라 불렀다. 왕도는 왕술이 나타나자 강동江東의 쌀값을 물었다. 왕술은 눈을 부릅뜨고 대답을 하지 않는 것이었다.

왕도는 이렇게 말하였다.

"왕술은 바보가 아니다."

왕도가 발언을 할 때마다 그 자리에 있는 사람들이 모두 찬성하고 감탄하였지만, 왕술은 정색하고 이렇게 말하는 것이었다.

"사람은 요순堯舜이 아닐진대 어찌 매사가 다 훌륭할 수 있겠습니까?"

왕도는 모습을 고치고 왕술을 고맙게 여겼다. 왕도는 성격이 관후寬厚하여 그가 위임한 여러 장수들은 법을 지키지 않는 자가 많았다. 그리하여 대신들이 이를 걱정하였다.

○ 晉丞相王導卒. 初帝卽位沖幼, 每見導必拜, 旣冠猶然. 委政於導. 導以門地, 王述爲掾. 述未知名, 人謂之痴. 旣見問江東米價, 述張目不答.

導曰:「王掾不痴.」

導每發言, 一坐莫不贊歎.

述正色曰:「人非堯舜, 何得每事盡善?」

導改容謝之. 導性寬厚, 所委任諸將, 多不奉法, 大臣患之.

【門地】門閥과 地位.

(2) 유량庾亮의 먼지가 사람을 괴롭히는군

유량庾亮이 군사를 일으켜 왕도를 폐하려 하자 어떤 이가 왕도에게 은밀隱密히 이에 대비하기를 권하였다. 그러나 왕도는 이렇게 말하였다.

"나와 원규元規, 庾亮와는 나라를 위함이 같소. 원규가 나를 공격해 온다면 나는 곧바로 각건角巾을 쓰고 내 집으로 돌아갈 것이니 다시 어찌 두려워할 것이 있겠소?"

유량은 비록 외지에서 진수하고 있었지만 멀리 조정의 권세를 잡고 장강長江의 상류를 근거로 강한 군사를 쥐고 있었으므로, 세력을 좇아 움직이는 자들이 유량에게 빌붙은 자가 많았다. 왕도는 속으로 평온할 수 가 없었다. 일찍이 서풍이 불어 먼지가 날리자 그는 부채로 얼굴을 가리면서 천천히 이렇게 말하였다.

"원규元規의 먼지가 사람을 더럽히는군."

왕도는 간소하고 욕심이 적어 일이 생기면 이를 잘 처리하여 공을 세워, 비록 날마다는 쓰임에 보탬이 없었지만 해를 지나 계산해보면 남음이 있는 상태였다. 그는 세 황제를 보좌하여 재상을 지냈으면서도 자신의 집 창고에는 저장해둔 쌀이 없었고, 또 비단옷을 겹쳐 입지 않았다.

庾亮欲起兵廢導, 或勸導密備.

導曰:「吾與元規, 休戚是同. 元規若來, 吾便角巾歸第. 復何懼哉?」

亮雖居外鎮, 而遙執朝權, 據上流擁強兵, 趨勢者多歸之.

導內不能平, 嘗遇西風塵起, 擧扇自蔽, 徐曰:「元規塵汚人.」

導簡素寡欲, 善因事就功, 雖無日用之益, 而歲計有餘. 輔相三世, 倉無儲穀, 衣不重帛.

【元規】庾亮의 字.
【三世】元帝, 明帝, 成帝.

448 성城을 옮기지 말라

진晉나라 사공司空 유량庾亮이 죽었다. 처음 소준蘇峻의 난은 유량이 격발시킨 것이었다. 소준의 난이 평정되자 유량은 이수泥首가 되어 죄를 사과하고 외지로 나가 공로를 세워 죄를 갚으려고 하였다.

뒤에 강주江州와 형주荊州 등의 여러 군사를 감독하면서 은호殷浩를 불러서 참군參軍으로 삼았다.

은호는 저부褚裒와 함께 모두가 도량이 있고 식견識見과 뜻이 청원하여 노자老子와 주역周易의 담론에 뛰어나 그 이름이 강동江東에 높았으며, 은호는 특히 풍류의 종주로 추앙을 받았다.

유량은 중원을 다시 회복하고자 글을 올려 무리를 석성石城으로 옮기고 여러 군사를 파견하여 강수江水와 면수沔水에 나열하여 조趙를 토벌할 계획을 청하였다. 그러나 채모蔡謨가 이렇게 반대하였다.

"대강大江을 가지고도 소준蘇峻을 막지 못한 사람이 어찌 면수와 같은 조그만 강으로 조趙나라 석호石虎를 막을 수 있겠소?"

이리하여 성제成帝는 유량에게 조서를 내려 진鎭을 옮기는 문제에 대하여 허락하지 않았다. 그리하여 이때에 이르러 무창武昌에서 죽은 것이다.

○ 晉司空庾亮卒. 初蘇峻之亂, 亮激之也. 峻平, 亮泥首謝罪, 求外鎭自效. 後都督江荊等州諸軍事, 辟殷浩參軍. 浩與褚裒, 皆識度淸遠, 善談老易, 擅名江東, 而浩尤爲風流所宗. 亮欲開復中原, 上疎請率大衆移鎭石城, 遣諸軍羅布江沔, 爲伐趙之規.

蔡謨曰:「不能以大江禦蘇峻, 安能以沔水禦石虎?」

乃詔亮不聽移鎭, 至是卒于武昌.

【泥首】죄수의 머리라는 뜻.(囚首也. －원주)
【老易】《老子》와 《周易》.
【石城】沔陽에 있는 성.

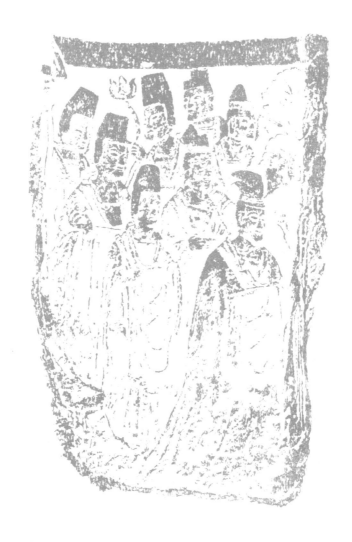

449 모용황慕容皝을 연왕燕王에 봉하다

진晉나라가 모용황慕容皝을 연왕燕王에 봉하였다. 황의 아버지慕容廆가
요동공遼東公이 되고 나서 이미 황을 세워 세자世子를 삼았었다. 그는
웅의雄毅하고 권모지략이 많았고 경서와 학술을 좋아하였다. 모용외가
죽고 모용황이 서자 그 부하들이 왕위에 오를 것을 권하였다. 모용황은
진晉나라에 사신을 보내어 요청하여 드디어 연왕에 봉해졌다.(334년)

○ 晉封慕容皝爲燕王. 自皝父爲遼東公, 立皝爲世子. 雄毅
多權略, 喜經術. 廆卒, 皝立, 其下勸稱王, 皝使請于晉, 遂封之.

450 성제成帝가 죽다

황제는 재위 18년이었으며 자못 근검한 덕이 있었다. 연호를 두 번 고쳐 함화咸和, 함강咸康이라 하였다. 그가 죽었을 때(343년) 두 아들 비司馬丕와 혁司馬奕은 강보에 있어 황제의 동모제同母弟 낭야왕瑯琊王이셨다. 이가 강황제康皇帝이다.(343년)

○ 帝在位十八年, 頗有勤儉之德. 改元者二: 曰咸和·咸康. 崩, 二子丕奕在襁褓, 帝母弟瑯琊王立, 是爲康皇帝.

4. 康皇帝

⊛ 康帝. 東晉의 제4대 황제.
司馬嶽. 343년~344년 재위.

451 강황제康皇帝

강황제康皇帝는 이름이 악司馬嶽이었으며 성제成帝가 죽음에 임하여 악을 후사로 삼아 드디어 제위에 오른 것이다.(343년)

康皇帝:

名嶽. 成帝臨崩, 以嶽爲嗣, 遂卽位.

452 유익庾翼과 환온桓溫

(1) 천하가 태평해진 다음에야 할 이야기들

형주荊州, 강주江州 등의 군사軍事 도독都督 유익庾翼은 성격이 강개慷慨하고 공명功名에 즐거움을 느꼈으며 부화浮華함은 숭상하지 않았다. 은호殷浩의 재명才名이 세상에 으뜸이었지만 유익은 그를 중시하지 않으며 이렇게 말하였다.

"이런 무리들은 마땅히 묶어 높은 누각에 처넣었다가 천하가 태평하게 되기를 기다려 천천히 맡길 만한 일을 의논하면 좋을 것이다."

당시 사람들은 은호를 관중管仲이나 제갈량諸葛亮에 견주어 그의 출처出處를 엿보아 그 흥망을 점치며 이렇게 말하였다.

"연원淵源 은호이 나가지 않으면 장차 우리 창생蒼生이 어찌될 것인가?"

유익이 은호를 사마司馬에 임용하고자 청하였으나 이에 응하지 않자 유익은 왕이보王夷甫를 예로 들어 은호를 비웃었다.

○ 都督荊江等州軍事庾翼, 爲人慷慨. 喜功名, 不尙浮華.

殷浩才名冠世, 翼弗之重, 曰:「此輩宜束之高閣, 俟天下太平, 徐議其任耳.」

時人擬浩管葛, 伺其出處, 以卜興亡, 曰:「淵源不出, 當如蒼生何?」

翼請浩爲司馬, 不應, 翼以王夷甫嘲之.

【翼】庾亮의 아우.
【管葛】殷浩는 管仲이나 諸葛亮과 같은 재능이 있다는 뜻.

【淵源】殷浩의 字.
【夷甫】王衍의 字.
【嘲】殷浩는 단지 王衍처럼 淸談에 능할 뿐임을 기롱한 것.

(2) 환온桓溫을 선봉장으로

낭야瑯琊 내사 환온桓溫은 호상豪爽하여 위풍과 기개가 있었다. 일찍이 유익이 그를 추천하면서 이렇게 말하였다.

"환온은 영웅의 재략이 있으니 마땅히 주周나라 방숙方叔이나 소백召伯과 같은 임무를 맡겨야 합니다."

이때에 이르러 유익은 호胡를 쳐 없애 촉蜀을 차지하는 것이 자신의 임무라 여겨 모든 군사를 다 모아 북벌에 나서서 양양襄陽으로 진영을 옮기고자 하였다. 강제康帝가 조서를 내려 유익에게 정토征討의 여러 군사를 감독하게 하자 유익은 환온을 선봉의 감독으로 삼았다.

　瑯琊內史桓溫, 豪爽有風槩, 翼嘗薦之曰:「英雄之才, 宜委以 方召之任.」

　至是翼以滅胡取蜀爲己任, 欲悉衆北伐, 移鎮襄陽. 詔翼都 督征討諸軍, 翼以溫爲前鋒督.

453 이수李壽가 죽다

한주漢主 이수李壽가 죽고 아들 세李勢가 섰다.(344년)

○ 漢主李壽卒, 子勢立.

454 강제康帝가 죽다

강제康帝는 재위 3년에 죽었다.(344년) 연호를 한 번 고쳐 건원建元이라
하였다. 태자가 오르니 이가 효종목황제孝宗穆皇帝이다.(345년)

○ 帝在位三年, 崩. 改元者一: 曰建元. 太子立, 是爲孝宗穆皇帝.

【建元】즉위 2년에 연호를 고침.

5. 孝宗穆皇帝

⊗ 穆帝. 東晉의 제5대 황제.
司馬聃. 345년~361년 재위.

455 효종목황제孝宗穆皇帝

효종孝宗 목황제穆皇帝는 이름이 담司馬聃이었으며 세 살에 즉위하여(345년)
회계왕會稽王 욱司馬昱이 정치를 보좌하였다.

孝宗穆皇帝:
名聃, 三歲卽位. 會稽王昱輔政.

456 환온桓溫은 모반할 것입니다

유익庾翼이 죽어 환온桓溫을 형주荊州, 양주梁州 등 주의 군사를 감독하게 하였다. 유익이 처음에 표를 올려 그 아들을 형주를 다스리도록 추천하자 하충何充이 이렇게 말하였다.

"형초荊楚는 나라의 서쪽 문에 해당하는 곳입니다. 어찌 백면白面의 소년이 이를 감당할 수 있겠습니까? 환온은 영략英略이 사람을 뛰어넘으니 서쪽을 맡길 사람으로 이보다 뛰어난 자는 없습니다."

단양윤丹陽尹 유담劉惔은 환온이 모반할 뜻이 있음을 알고 사마욱에게 이렇게 말하였다.

"환온을 승지에 거하게 해서는 안 됩니다."

그러나 사마욱은 이를 듣지 않았고 마침내 환온으로 유익을 대신하게 하였던 것이다.

〈宰猪圖와 射獵圖〉 甘肅 嘉峪關 魏晉墓 출토

○ 庾翼卒, 以桓溫都督荊・梁等州軍事.

翼初表其子領荊州, 何充曰:「荊楚國之西門, 豈可以白面少年當之? 桓溫英略過人, 西任無出溫者.」

丹陽尹劉惔, 知溫有不臣之志, 謂昱曰:「溫不可使居形勝地.」

昱不聽, 竟以溫代翼.

【丹陽】郡 이름으로 당시 建業(建康).

457 한漢이 망하다

한주漢主 이세李勢가 교만과 음란에 빠져 국사를 살피지 않자 환온이 군사를 거느리고 한을 벌하였다. 환온은 절을 하며 표를 올리고 곧 출발하여 성도成都에 이르렀다. 이세가 항복하자 이를 건강健康으로 호송하여 한漢은 망하고 말았다.(345년)

○ 漢主李勢, 驕淫不恤國事, 桓溫帥師伐漢. 拜表卽行, 進至成都. 勢降, 送建康, 漢亡.

【帥】 '솔'(率)로 읽음.
【漢亡】 이상 한 李雄이 惠帝 永興 元年에 참칭한 이래 성(成)과 漢을 거쳐 이때까지 모두 5世, 44년이었다.(右漢李雄自惠帝永興元年僭號, 爲成爲漢, 至是五世, 合四十四年. ─원주)

458 연왕燕王이 죽다

연왕燕王 모용황慕容皝이 죽고 아들 준慕容儁이 섰다.(349년)

○ 燕王慕容皝卒, 子儁立.

459 조趙나라 토벌의 실패

조천왕趙天王 석호石虎가 황제를 일컬었다가 얼마 후 죽고 그 아들
세石世가 섰으나 그 형 석준石遵이 그를 죽이고 자립하였다.(349년)
이리하여 조나라는 난이 일어나자 진나라 정토도독征討都督 저부褚裒가
글을 올려 조를 치기를 청하였다. 조야는 중원은 손가락만 가리켜도
회복하리라 기대하였다. 채모蔡謨만은 홀로 서로의 덕과 역량을 헤아리
느니만 못하다고 여겼으며 한계를 넘어서는 경영은 근심이 조정에
미칠 것이라 두려워하였다. 저부가 장수를 파견하였지만 과연 패하여
전사하였다.

○ 趙天王石虎稱帝, 尋卒. 子世立, 其兄遵弑之而自立. 趙亂,
晉征討都督褚裒, 表請伐趙. 朝野以爲中原指期可復. 蔡謨獨
以爲莫若度德量力, 經營分表, 恐憂及朝廷. 裒遣將, 果敗沒.

【度】'탁'으로 읽음.(音堂入聲. —원주)
【分表】한계의 밖.(分限之外也. —원주)

460 조趙나라 포홍浦洪

　조趙나라 포홍浦洪이 사신을 진晉에 파견하여 항복하였다. 포홍은 대대로 조나라를 섬겨왔는데 이때에 이르러 석민石閔이 조주趙主 준遵에게 이렇게 말하였다.

　"포홍은 인걸人傑이오. 지금 관중關中을 지키고 있어 진주秦州와 옹주雍州가 국가의 소유가 되지 못할까 걱정입니다."

　이리하여 준은 포홍을 도독都督의 직위에서 파면하였다. 포홍은 노하여 방두枋頭로 돌아가, 마침내 진나라와 몰래 내통했던 것이다.

　○ 趙蒲洪遣使降晉.

　洪事趙累世, 至是石閔言於趙主遵曰:「蒲洪人傑也. 今鎭關中, 恐秦雍非國家有.」

　遵罷洪都督. 洪怒歸枋頭, 遂通于晉.

【石閔】 石虎의 養子.

【枋頭】《通鑒》注에 "曹操가 淇水 아래에 큰 枋木을 세워 淇水를 막아 그 물을 동쪽 白溝로 흘러들게 하여 漕運을 소통시켰다. 그리하여 그곳을 枋頭라 한다"라 하였다. 汲都郡에 있으며 지금의 衛輝府이다.(通鑒注: 曹操於淇水下大枋木, 以遏淇水, 東入白溝, 以通漕運, 囚號其處曰枋頭. 在汲都郡, 今衛輝府也. ―원주)

461 양왕涼王 장중화張重華

양주涼州의 장중화張重華가 자칭 양왕涼王이라 하였다. 처음 혜제惠帝 때에 장궤張軌가 양주 자사였는데 그의 명성이 서쪽 지방에 떨쳤었다. 회제懷帝가 함락당하여 죽자 장궤는 군사를 파견하여 장안에서 민제愍帝를 돕도록 하였다. 이리하여 황제가 장궤를 양주목서평공涼州牧西平公에 봉하였던 것이다. 장궤가 죽고 아들 식張寔이 섰다. 식은 요적妖賊에게 피살되고 아우 무張茂가 섰다. 조주趙主 유요劉曜가 무茂를 공격하자 무는 조나라에 항복하였다. 무가 죽고 식의 아들 준張駿이 섰다. 무는 임종에 준에게 이렇게 유언하였다.

"반드시 진晉을 섬겨 신의를 잃지 않도록 하라."

준은 비록 다시 후조後趙 석륵石勒에게 신복은 하고 있었지만 마음으로는 수치로 여기고 있다가 성제成帝 때에 촉蜀의 길을 빌려 진나라에 통호通好 하였다. 준이 죽고 아들 중화張重華가 섰다. 진나라는 사신을 보내서 여전히 중화를 서평공西平公에 봉하였다. 그러나 중화가 스스로 양왕涼王을 일컫기에 이른 것이다.

○ 涼州張重華, 自稱涼王. 初惠帝之世, 張軌爲涼州刺史, 威著西土. 懷帝陷沒, 軌遣兵助愍帝於長安. 帝以軌爲涼州牧西平公. 軌卒, 子寔立. 寔爲妖賊所殺, 弟茂立. 趙主劉曜擊茂, 茂降趙. 茂卒, 寔之子駿立.

茂臨終語駿:「必奉晉, 不可失.」

駿雖復臣於後趙石勒恥之, 成帝時假道於蜀, 以通晉.

駿卒, 子重華立. 晉遣使仍拜西平公, 重華自爲王.

462 후조後趙가 국호를 위魏로 고치다

후조後趙의 석감石鑑이 그 주군主君 준石遵을 죽이고 자립하였다.(349년) 그러자 석민石閔이 다시 감을 가두었다가 죽이고 자립하여 국호를 위魏라 고쳤다. 그리고 석호石虎의 후손 38명을 죽여 석씨石氏 일족을 멸망시켰다. 석민은 본성本姓이 염冉으로 석씨에게서 길러졌는데 이때에 이르러 본성으로 돌아갔다. 뒤에 그는 연燕에게 패하여 잡혀 죽었다.

○ 後趙石鑑, 弑其主遵而自立. 石閔又幽鑑殺之, 而自立, 改國號曰魏. 殺虎三十八孫, 盡滅石氏. 閔姓冉, 爲石氏所養, 至是復其姓. 後爲燕所破, 執而殺之.

【滅石氏】 이상은 후조(後趙) 石勒이 成帝 咸和 3년에 참칭하여 이때에 이르러 6世, 모두 22년이다.(右後趙石勒, 自成帝咸和三年僭號, 至是六世, 合二十二年. ─원주)

463 포홍浦洪이 성을 부씨符氏로 바꾸고 황제를 칭하다

포홍浦洪은 자칭 삼진왕三秦王이라 하고 성을 부씨符氏로 바꾸었다.
포홍은 먼저 조나라 장수 마추麻秋를 사로잡고는 죽이지 않고 그의
의견을 들어 쓰고 있다가 도리어 연회 자리에서 마추에게 독살당하였다.
이에 포홍의 아들 건健이 추를 베고 포홍의 군사를 대신 거느렸다.
건은 장안長安에 들어가 진천왕秦天王을 자칭하다가 얼마 후 황제를
칭하였다.(350년)

○ 蒲洪自稱三秦王, 改姓符. 洪先擒趙將麻秋, 不殺而用其言,
因宴爲秋所鴆. 子健斬秋, 代領洪衆. 健入長安, 自稱秦天王,
已而稱帝.

【三秦王】그 땅을 진나라에서 항복한 장수 세 사람에게 봉하였다.(以其地乃秦降
　將三人所封之城. -원주)
【改姓符】참언설을 믿고 초(艹)를 더하여 그 설에 응험하여 왕이 되고자 드디어
　성씨를 부씨로 바꾼 것이다.(以讖文有草付應王之說, 遂改姓符. -원주)

464 연왕燕王이 황제를 칭하다

연왕燕王 준儁이 황제를 칭하였다.(349년)

○ 燕王儁稱帝.

465 중원中原이 시끄러워지다

조趙나라 요양姚襄이 진晉나라에 귀순歸順하였다가 뒤에 반란을 일으켰다. 요양의 아버지 익중弋仲은 남안南安 적정赤亭 강족羌族의 추장이었다.

회제懷帝 말년에 융적과 중국 사람들이 어린아이를 업고 와서 익중을 따르는 자가 수만 명이나 되었다. 익중은 스스로 부풍공扶風公이라 일컬었다.

그 뒤 익중이 전조前趙의 유요劉曜에게 복종하였다가 다시 또 후조後趙의 석륵石勒과 석호石虎를 섬겼다. 석호는 그를 심히 중히 여겨 관군대장군冠軍大將軍으로 삼았다.

석호가 죽고 조趙나라가 난이 일어나 염조冉趙가 염민冉閔을 멸함에 이르러 익중은 사자를 진晉나라에 파견하여 항복하였다.

익중이 죽고 아들 요양이 그 무리를 이끌고 진나라로 찾아오자 진나라는 요양에게 조서를 내려 초성譙城에 주둔케 하였다가 뒤에 역양歷陽으로 옮겨 주둔토록 하였다.

양주揚洲와 예주豫州의 도독都督 은호殷浩가 수춘壽春에 있었는데, 요양姚襄이 강성해짐을 미워하여 장수를 보내어 습격하였으나 도리어 요양에게 참수당하고 말았다.

이에 앞서 조정에서는 중원에 대란이 일어났음을 듣고 다시 진출할 것을 모의하여 은호가 그 큰 임무를 맡아 해마다 북벌하였으나 성과가 없었다. 이에 이르러 여러 군사를 이끌고 다시 군대를 일으켰다. 요양은 미리 복병을 두고 이를 맞았는데, 은호의 군사가 산상山桑에 이르자 요양은 복병을 풀어 이를 공격하여 은호의 군대는 패주하고 말았다.

○ 趙姚襄歸晉, 而復叛. 襄父弋仲, 南安赤亭羌酋也. 懷帝末, 戎夏襁負隨之者數萬, 自稱扶風公. 其後服於前趙劉曜, 又事後趙石勒石虎. 虎甚重之, 以爲冠軍大將軍. 虎死趙亂, 至冉閔滅趙, 弋仲遣使降晉.

弋仲卒, 襄率其衆來晉, 詔襄屯譙城, 後屯歷陽. 揚豫州都督殷浩, 在壽春, 惡襄強盛, 遣將襲之, 爲襄所斬. 先是朝廷聞中原大亂, 復謀進取. 浩受任, 連年北伐, 無功. 至是率諸軍再擧. 襄伏甲邀之, 浩至山桑, 襄縱擊, 浩大敗走.

【南安】鞏昌에 속하는 현.

466 장중화張重華가 죽다

양涼의 장중화張重華가 죽고 아들 요령曜靈이 섰으나 그 부하가 이를
폐하고 장조張祚를 세웠다.(354년)

○ 涼張重華卒, 子曜靈立, 其下廢之而立張祚.

【張祚】張重華의 아우.

467 돌돌괴사咄咄怪事

　진晉나라 환온桓溫은 은호殷浩가 패한 일로 인하여 은호를 폐하여 서인으로 면직할 것을 청하였다. 조정은 처음에 은호를 환온에게 대항시켜왔으나 이렇게 은호가 폐하자 이로부터 내외의 대권이 환온에게 하나로 집중되어 버렸다.

　은호는 비록 괴로워하고 원망하였으나 말이나 얼굴에는 이를 나타내지 않았다. 일찍이 그는 허공에 돌돌괴사咄咄怪事라는 글자를 쓰기도 하였다. 한참 후 치초郗超가 환온에게 권하여 은호에게 상서령尚書令 복야僕射의 벼슬쯤에 처하게 하도록 하여 환온이 글로써 이를 은호에게 알리자 은호는 흔연히 기뻐한 나머지 답장을 쓰면서 글자에 오류가 있을까 염려하여 상자에 넣은 글을 수십 번을 열고 닫고 하다가 그만 빈 상자를 보내고 말았다. 환온은 크게 노하여 드디어 그를 끊고 말았으며 은호는 귀양간 곳에서 죽었다.

　○ 晉桓溫, 因殷浩之敗, 請廢浩免爲庶人. 朝廷初以浩抗溫, 浩廢. 自此內外大權, 一歸溫矣. 浩雖愁怨, 不形辭色.
　嘗書空作咄咄怪事字. 久之郗超勸溫, 處浩令僕, 以書告之, 浩欣然, 答書慮有誤, 開閉十數, 竟達空函. 溫大怒, 遂絶, 卒於謫所.

【書空】 허공을 바라보며 공중에 글씨를 씀.(望空書寫. ―원주)
【咄】 혀를 차는 소리.
【令僕】 殷浩를 尚書令의 僕射 벼슬로 삼음.
【函】 끝내 빈 상자를 보내어 답을 함.

468 환온桓溫과 왕맹王猛

(1) 환온桓溫의 북벌

환온이 군사를 이끌고 진秦을 정벌하여 진군秦軍을 남전藍田에서 크게 깨뜨리고 싸움을 계속하여 파상灞上에 이르렀다. 진주 부건符健은 장안長安의 작은 성을 걸어 잠그고 스스로 나서서 지켰으나 삼보三輔의 백성들은 다 환온에게 투항한 상태였다.

환온이 거민居民들을 위무하고 깨우쳐 안도하도록 하자 백성들은 다투어 소와 술을 가지고 와서 환온의 군사를 맞아 위로하였는데 남녀가 길에 늘어서 이를 구경하였고 늙은이 중에는 눈물을 흘리며 이렇게 말하는 자가 있었다.

"오늘 다시 이렇게 관군을 보게 되리라고는 생각지도 못하였다."

○ 桓溫帥師伐秦, 大敗秦兵于藍田, 轉戰至灞上. 秦主符健, 閉長安小城自守, 三輔皆來降.

溫撫諭居民使安堵, 民爭持牛酒迎勞, 男女夾路觀之, 耆老有垂泣者, 曰:「不圖今日復覩官軍.」

【藍田】 安西에 속하는 현 이름.
【倜儻】 뛰어나며 얽매임이 없음.(卓異不羈也. −원주)

⑵ 적의 땅에 너무 깊이 들어왔소

북해北海의 왕맹王猛은 자가 경략景略이었는데 얽매임이 없고 큰 뜻을 품고 있었으며 화음華陰에 은거하고 있었다.

그는 환온이 관중關中으로 들어왔다는 소식을 듣고 거친 옷을 입고 환온을 뵈었는데, 이를 잡으면서 당세의 임무를 논하고 곁에 사람이 없는 듯이 오만하게 구는 것이었다. 환온은 기이하게 여겨 왕맹에게 물었다.

"나는 임금의 명을 받들어 잔적을 없애주었는데도 삼진三秦의 호걸들이 아직 한 사람도 찾아오지 않으니 어찌 된 일이오?"

왕맹은 이렇게 말하였다.

"공公은 천리를 멀다 않고 적의 땅에 깊이 들어왔소. 지금 장안은 지척의 거리이지만 파수灞水를 건너지 않고 있어 백성들은 아직 공의 마음을 몰라 그 때문에 나타나지 않는 것입니다."

환온은 묵묵히 대답을 하지 않았다. 환온은 진군秦軍과 백록원白鹿原에서 싸웠으나 불리하였다. 진秦나라 사람들은 들의 곡식을 하나도 남기지 않아 환온의 군사는 군량이 모자라게 되었다. 이리하여 환온이 왕맹과 함께 퇴각하려 하였지만 왕맹은 나서지 않았다.

北海王猛字景略, 倜儻有大志, 隱居華陰. 聞溫入關, 被褐謁之, 捫虱而談當世之務, 旁若無人.

溫異之, 問猛曰:「吾奉命除殘賊, 而三秦豪傑未有至者, 何也?」

猛曰:「公不遠數千里, 深入敵境. 今長安咫尺而不度灞水, 百姓未知公心. 所以不至.」

溫黙然無以應. 溫與秦兵戰于白鹿原, 不利. 秦人清野, 溫軍乏食. 欲與猛俱還, 猛不就.

【華陰】 華州에 속하는 현.

【灞水】 藍田縣에서 발원하여 북쪽으로 흘러 渭水로 들어가는 물.

【白鹿原】 지명. 永興縣에 있음.

469 부건符健이 죽다

진주秦主 건符健이 죽고 아들 생符生이 섰다.(355년)

○ 秦主健卒, 子生立.

470 장조張祚가 피살되다

양涼의 장조張祚가 주색에 빠져 백성을 학대하다가 피살되고 아들 현정玄靚이 섰다. (355년)

○ 涼張祚淫虐, 被弒, 子玄靚立.

〈食肉串圖〉 甘肅 嘉峪關 魏晉墓 출토

471 중원中原이 백년이나 침몰된 채

요양姚襄이 연燕에 항복하고 북쪽 허창許昌을 근거지로 다시 낙양을 공격하였다. 환온은 군사를 감독하여 요양을 토벌하고 나아가 황하가에 이르러 부하와 함께 배의 누대樓臺에 올라가 북쪽 중원中原을 바라보며 이렇게 탄식하였다.

"신주중원으로 하여금 백년이나 빼앗긴 채 침몰되도록 둔 것에 대하여 왕이보王夷甫 등 여러 사람이 그에 대한 책임을 지지 않을 수 없다."

그리고 이수伊水에 이르러 요양을 연패시켜 쫓아버렸다. 환온은 금용金墉에 주둔하여 서진西晉 시대의 여러 능陵에 참배한 다음 이를 진수토록 하고 돌아왔다.

요양은 다시 서쪽 관중關中 땅을 빼앗으려 시도하였으나 진秦이 군사를 보내어 요양을 맞아 쳐서 목을 베었다. 요양의 아우 장萇이 그 무리를 이끌고 진秦에 항복하였다.

○ 姚襄降于燕, 北據許昌, 又攻洛陽.

桓溫督諸軍討襄, 進至河上. 與寮屬登平乘樓, 北望中原, 歎曰: 「使神州陸沉百年, 王夷甫諸人不得不任其責.」

至伊水襄戰連敗而走. 溫屯金墉, 謁諸陵置鎭戍而還. 襄將西圖關中, 秦遣兵, 拒擊斬襄. 襄弟萇, 以衆降秦.

【伊水】 商州의 上洛縣 熊耳山에서 발원하여 洛陽에 이르러 洛水로 흘러드는 물.
【諸陵】 西晉시대의 王陵과 墳墓.

472 진왕秦王 부견符堅

　진秦나라 부견符堅이 그 임금 생符生을 시살하고 진천왕秦天王으로
자립하였다.(357년) 이 때 어떤 자가 왕맹王猛을 부견에게 추천하자 부견은
그를 한 번 보고는 친구처럼 여겨 이렇게 말하였다.
　"현덕玄德에게 제갈공명諸葛孔明과 같다."
　그리하여 1년에 다섯 번이나 왕맹의 벼슬을 올려 주었으며 뛰어난
인재를 거용하여 허물어진 직책을 바로잡고 백성에게 농상農桑을 권장
하고 곤궁한 사람을 구휼하였다 진나라 백성은 크게 기뻐하였다.

　○ 秦符堅弑其君生, 自立爲秦天王.
　有薦王猛於堅者, 一見如舊, 自謂:「如玄德之於孔明.」
　一歲中五遷官, 擧異才修廢職, 課農桑, 恤困窮. 秦民大悅.

【符生】符生은 부견의 叔父 符雄의 아들이었음.

473 연왕燕王 모용준慕容儁이 죽다

연왕燕王 모용준慕容儁이 죽고 아들 위慕容暐가 섰다. (360년)

○ 燕主慕容儁卒, 子暐立.

474 사안謝安

진晉나라 환온桓溫이 사안
謝安을 　정서사마征西司馬로
삼았다. 사안은 젊어서부터
그 이름이 알려져 있어 여러
차례 불려갔으나 모두 사양
하고 나서지 않고 있었다.
사대부士大夫들은 서로 이렇게
말하였다.

"안석安石이 나오지 않는다
면 창생蒼生은 어찌할 거나?"

〈사안(安石)〉《三才圖會》

안석은 나이 40이 넘어 이에 벼슬에 나아갔던 것이다.

○ 晉桓溫以謝安爲征西司馬. 安少有重名, 前後徵辟皆不就.
士大夫相謂曰:「安石不出, 如蒼生何?」
年四十餘乃出.

【安石】謝安의 字.

475 목제穆帝가 죽다

목제穆帝가 재위 17년 만에 죽었다.(361년) 연호를 두 번 바꾸어 영화永和, 승평升平이라 하였다. 후사가 없어 성제成帝의 아들 낭야왕琊王이 섰다. 이가 애황제哀皇帝이다.

○ 帝在位十七年, 崩. 改元者二: 曰永和·升平. 無嗣, 成帝子琊王立, 是爲哀皇帝.

6. 哀皇帝

⊛ 哀帝. 東晉의 제6대 황제.
司馬丕. 362년~365년 재위.

476 애황제哀皇帝

애황제는 이름이 비司馬丕였으며 재위에 오른 지 2년 만에 병을 얻어 자리에 누웠다가 다시 1년 뒤에 죽었다.(365년) 연호를 두 번 바꾸어 융화隆和, 흥녕興寧이라 하였다. 아우 낭야왕이 섰다.(366년) 이가 제혁帝奕 이다.

哀皇帝:

名丕, 卽位二年而寢疾, 又一年而崩. 改元者二: 曰隆和·興寧.
弟瑯琊王立, 是爲帝奕.

7. 帝奕

🅢 海西公. 東晉의 제7대 황제.
司馬奕. 366년~371년 재위.

477 제혁帝奕

제혁帝奕은 이름이 혁司馬奕이며 성제成帝의 막내아들이다. 제위에 오르자(366년) 회계왕會稽王 욱司馬昱을 승상으로 삼았다.

帝奕:
名奕, 成帝之幼子也. 旣卽位, 以會稽王昱爲丞相.

478 치초郗超

환온은 애제哀帝 때부터 대사마大司馬가 되어 중외의 여러 군사를
통솔하였다. 그는 상서尚書의 사무를 맡아보면서 양주목揚州牧도 겸하였다.
그리고 고숙姑孰을 진무鎭撫하면서 치초郗超를 참군參軍으로, 왕순王珣을
주부主簿로 삼았다. 그러자 사람들이 이렇게 말하였다.

"수염이 많은 참군, 키 작은 주부, 능히 온공溫公의 마음을 즐겁게
할 수도 있고, 능히 노하게도 하네."

○ 桓溫自哀帝時, 爲大司馬, 都督中外諸軍事. 錄尙書事, 加揚
州牧. 移鎭姑孰. 以郗超爲參軍, 王珣爲主簿.

人語曰:『髥參軍, 短主簿. 能令公喜, 能令公怒.』

〈牧馬圖〉 甘肅 嘉峪關 魏晉墓 출토

479 환온桓溫의 패배

연인燕人이 낙양을 공격 함락하여 수장戍將이 전사하였다. 환온은
군사를 거느리고 연을 공격하여 방두枋頭에서 싸웠으나 크게 패하고
돌아왔다.

○ 燕人攻陷洛陽, 戍將死之. 溫帥師伐燕, 戰于枋頭, 大敗而還.

480 모용수慕容垂

연의 모용수慕容垂가 이미 진군晉軍을 격파하고 명성이 날로 높아갔다.
연왕燕王이 이를 꺼리자 수는 진秦으로 달아났다.

○ 燕慕容垂旣擊破晉軍, 威名日盛. 燕王忌之, 垂奔秦.

481 왕맹王猛과 부견符堅

진秦의 왕맹王猛이 군사를 지휘하여 연을 쳐 드디어 업鄴을 포위하였다.
진주秦主 부견符堅은 업으로 들어가 연주燕主 모용위慕容暐를 잡아 돌아갔다.

○ 秦王猛督諸軍伐燕, 遂圍鄴. 秦主苻堅入鄴, 執燕主慕容
暐以歸.

【歸】이상 前燕의 慕容皝은 成帝 咸康 3年에 명을 받들어 王이 되었고 다시
慕容儁에 이르러 참칭한 이래 이때에 이르러 3世, 모두 34년이었다.(右前燕慕容皝,
自成帝咸康三年, 奉命爲王, 及儁僭號, 至是三世, 合三十四年. —원주)

482 더러운 이름이라도 남겨야지

진晉의 환온은 몰래 모반의 뜻을 기르고 있었다. 어느 날 그는 베개를 어루만지며 이렇게 탄식하였다.

"남자로 태어나 아름다운 이름을 백세까지 남기지 못할 바에야 역시 의당 더러운 이름이라도 만년에 남겨야지."

그는 우선 공을 세워 구석九錫을 받고자 하였다. 그런데 방두枋頭의 패전으로 위세와 명성이 꺾이고 말았다. 이에 치초가 환온에게 이렇게 권하였다.

"이윤伊尹이나 곽광霍光의 일을 실행하여 큰 공을 세워 권력을 잡으십시오."

환온은 드디어 입조하여 태후太后에게 아뢰어 황제를 폐하였다.

황제는 재위 6년 연호를 고쳐 태화太和라 하였다. 회계왕會稽王이셨다. 이가 간문황제簡文皇帝이다.

○ 晉桓溫, 陰蓄不臣之志, 嘗撫枕歎曰:「男子不能流芳百世, 亦當遺臭萬年.」

欲先立功, 還受九錫. 及枋頭之敗, 威名頓挫.

郗超勸溫:「行伊霍之事, 以立大威權.」

溫遂入朝, 白太后廢帝.

在位六年, 改元者一: 曰太和. 會稽王立, 是爲簡文皇帝.

【伊霍之事】伊尹이 大甲을 방출한 예와 霍光이 昌邑王을 폐위한 것을 답습하도록 권한 것.

8. 簡文皇帝

🔵 簡文帝. 東晉의 제8대 황제.

司馬昱. 371년~372년 재위.

483 간문황제簡文皇帝

간문황제는 이름이 욱司馬昱이었으며 원제元帝의 아들이다. 청허하고 욕심이 적었으며 특히 현언玄言을 잘 하였다. 환온이 맞아 제위에 오르게 하였으나 371년 아홉 달을 넘기고 예상하지 못한 병이 들어 급히 환온을 불러 보좌하도록 하였다. 이는 제갈무후諸葛亮와 왕승상王導의 고사와 같은 것이었다.

그런데 환온은 황제가 거의 임종에 이르자 선위禪位를 하거나 아니면 섭정攝政의 자리에 앉게 될 것을 희망하였으나 소망대로 되지 않았다. 당시 사안謝安과 왕탄지王坦之가 조정에 있어 환온은 이 왕탄지와 사안이 자신을 저지하였다고 의심하여 마음 속으로 심히 이를 원망하였다.

황제는 재위 중 연호를 함안咸安이라 고쳤다. 황태자가 섰다.(373년) 이가 열종효무황제烈宗孝武皇帝이다.

簡文皇帝:

名昱, 元帝子也. 清虛寡欲, 尤善玄言. 桓溫迎卽位, 九閱月而不豫, 急召桓溫, 入輔. 如諸葛武侯, 王丞相故事. 溫望帝臨終禪位,否卽居攝, 不副所望. 時謝安王坦之在朝, 溫疑坦之·安沮其事, 心甚銜之.

帝在位改元者一: 曰咸安. 太子立, 是爲烈宗孝武皇帝.

【不豫】병이 낫지 않음을 말함.(病不快也.)
【故事】孔明과 王導가 임금을 세워 보필한 예.(孔明王導, 輔立嗣君. −원주)

9. 烈宗孝武皇帝

● 孝武帝. 東晋의 제9대 황제.
司馬曜, 司馬昌明. 373년~396년 재위.

484 열종효무황제烈宗孝武皇帝

열종효무황제烈宗孝武皇帝는 이름이 창명昌明이었으며 나이 열 살에
즉위하였다.(373년)

烈宗孝武皇帝:
名昌明, 年十歲卽位.

【昌明】《通鑑》注에 이름은 曜이며 자가 昌明(諱曜, 字昌明)이라 함.

485 환온이 병으로 죽다

(1) 얼굴색이 변하다니

환온이 조정으로 돌아오자 황제는 사안謝安과 왕탄지王坦之로 하여금 신정新亭에서 그를 맞이하게 하였다. 도하都下의 백성들은 민심이 흉흉하여 이렇게 말하였다.

"왕탄지와 사안을 죽이고 진晉의 제위를 빼앗고자 할 것이다."

왕탄지는 몹시 두려움에 떨었으나 사안은 신색이 조금도 변하지 않았다.

환온이 이윽고 도착하자 백관이 길 양쪽에 서서 절하였다. 환온은 크게 호위병을 진열해 놓고 조정의 관원들을 차례로 만나 보았다. 왕탄지는 두려워 땀이 흘러 옷을 적셨고, 홀笏을 거꾸로 들곤 하였다. 그러나 사안은 조용히 자리에 앉으며 환온에게 말하였다.

"제가 듣기로 제후가 도가 있으면 사방 이웃이 그를 지켜 준다고 하였소. 명공 정도라면 어찌 벽 뒤에 사람을 배치하여 호위를 삼을 필요가 있겠소?"

환온이 웃으며 말하였다.

"바로 나 같은 이는 그렇게 하지 않을 수 없소이다."

○ 桓溫來朝, 詔謝安王坦之, 迎于新亭.

都下洶洶, 云:「欲誅王謝, 因移晉祚.」

坦之甚懼, 安神色不變. 溫旣至, 百官拜于道側. 溫大陳兵衛, 延見朝士. 坦之流汗沾衣, 倒執手板.

安從容就席, 謂溫曰:「安聞: 諸侯有道, 守在四鄰, 明公何須壁後置人邪?」

溫笑曰:「正自不能不爾.」

【手板】笏과 같음.

(2) 막후의 손님

　그리고는 드디어 군사를 철수시키도록 명하고 사안과 담소하며 해가
저무는 줄도 몰랐다. 이때 치초郗超가 장막 뒤에 누워 이들의 말을
엿듣고 있었는데 그만 바람이 불어 장막이 걷히고 말았다. 사안은
웃으면서 이렇게 말하였다.
　"치생郗生 입막入幕의 빈賓이라 할 만하군."
　뒤에 환온은 병이 들어 고숙으로 돌아갔다. 병이 위독해지자 넌지시
조정에 구석九錫의 하사를 청하였다. 그러나 사안과 왕탄지는 고의로
그것을 늦추었고 얼마 뒤 환온은 죽었다.

　遂命撤之, 與安笑語移日. 郗超臥帳中聽其言, 風動帳開, 安
笑曰:「郗生可謂入幕之賓矣.」
　溫有疾還姑孰. 疾篤, 諷求九錫, 安坦之故, 緩其事. 尋卒.

486 어찌 하늘이 왕맹王猛을 빼앗아가는가

진秦나라 승상 왕맹王猛이 죽자 진주秦主 부견苻堅은 목을 놓아 울면서 이렇게 말하였다.

"하늘이 나로 하여금 천하를 통일시키기를 바라지 않으시는 것일까? 어찌 왕경략王景略을 이리도 빨리 빼앗아가는가?"

왕맹은 임종할 때에 부견에게 이렇게 말하였다.

"진晉나라가 비록 편벽된 강남江南에 처해 있지만 정삭正朔을 이어받아 상하가 안녕과 화합을 누리고 있습니다. 제가 죽은 뒤에는 진晉을 빼앗겠다고 시도하지 마시기 바랍니다. 선비鮮卑와 서강西羌은 우리의 원수로서 끝내 우리의 후환이 될 것이오니 점차로 이를 제거하여 사직의 안녕을 도모하셔야 합니다."

○ 秦丞相王猛卒, 秦主堅哭之曰:「天不欲使吾平一六合邪? 何奪吾景略之速也?」

猛臨終謂堅曰:「晉雖僻處江南, 然正朔相承, 上下安和. 臣沒之後, 願勿以晉爲圖. 鮮卑・西羌, 我之仇敵, 終爲人患, 宜漸除之, 以安社稷.」

【六合】上下四方의 여섯 방향. 온 천지를 가리킴.
【鮮卑】慕容氏의 민족.
【西羌】성씨로는 姚氏였음.

487 전량前涼의 멸망

　양涼이 진秦에 항복하였다.(376년) 이에 앞서 장현정張玄靚의 숙부 천석張天錫이 현정을 죽이고 자립하였었다.

　천석은 주색에 빠져 정치가 어지러워졌다. 이에 진秦은 그를 토벌하여 군사가 고장姑臧에 이르자 천석은 자신을 묶고 나와 항복하였다. 그를 장안으로 호송하였다.

　○ 涼降于秦. 先是張玄靚之叔父天錫, 殺玄靚而自立. 天錫荒于酒色, 政亂. 秦伐之, 兵至姑臧, 天錫面縛出, 送長安.

【姑臧】 永昌에 속하는 현.

【前涼의 滅亡】 이상 前涼은 張軌가 愍帝 建興 2년에 참칭한 이래 이때에 이르러 9世, 76년이다.(右前涼張軌, 自愍帝建興二年僭號, 至是九世, 合七十六年. ─원주)

488 부견符堅이 대국代國을 둘로 나누다

대왕代王 탁발십익건拓跋什翼犍의 세자 식寔이 어려서 죽고 후사를 아직 결정하지 못하였을 때 서장자庶長子 수遂가 아우들을 죽이고 아버지 십익건까지 죽여버렸다.

마침 진병秦兵이 대代를 공격하여 부족의 무리가 달아나 궤멸하고 나라에 대란이 일어났다. 진주秦主 부견符堅은 대국代國을 둘로 나누어 하수河水의 동쪽 땅은 대의 남부의 대인大人 유고인劉庫仁에게 소속시키고, 하수의 서쪽은 흉노匈奴의 유위진劉衛辰에게 소속시켜 그 무리를 통솔하게 하였다. 대의 세자 식寔의 아들 규珪는 아직 어려 어머니 하씨賀氏가 규를 안고 하눌賀訥에게 달려가 의지하였다가 이윽고 다시 유고인에게 의지하였다. 유고인은 규를 받들어 보살폈으며 나라의 변화가 있어도 이 때문에 마음을 바꾸는 일이 없었다.

○ 代王拓跋什翼犍世子寔早卒, 繼嗣未定, 庶長子遂殺其諸弟, 併殺什翼犍. 會秦兵擊代, 部衆逃潰, 國中大亂. 秦主符堅分代爲二部, 自河以東, 屬代南部大人劉庫仁; 自河以西, 屬匈奴劉衛辰, 使統其衆. 代世子寔之子珪, 尚幼, 母賀氏以珪, 走依賀訥, 已而依庫仁, 庫仁奉珪恩勤, 不以廢興易意.

【遂】이름이다.

489 북부병北府兵

진晉나라는 진인秦人이 강성해짐을 걱정거리로 여겨, 조서를 내려 북방을 방어할 훌륭한 장수를 구하였다. 사안謝安이 형의 아들 현謝玄을 추천하여 그 조서에 응모하자 치초郗超가 감탄하여 말하였다.

"사안의 현명함은 능히 많은 사람들에게 의심을 받을 수 있음에도 친척을 천거하였다. 사현의 재능은 사안의 추천을 배반하지 않을 것이다. 내가 일찍이 사현의 재능을 사용함을 보았는데 비록 신발을 신는 순간에도 자신의 임무에 맞게 하지 않은 경우가 없었다."

사현은 광릉廣陵을 지키면서 유뇌지劉牢之 등을 얻어 참군으로 삼았는데, 싸웠다하면 이기지 못함이 없어 적들은 그를 북부병北府兵이라 부르며 두려워하였다.

○ 晉以秦人强盛爲憂, 詔求良將可鎭禦北方者.

謝安以兄子玄應詔, 郗超歎之曰:「安之明, 乃能違衆擧親. 玄才不負所擧. 吾嘗見其使才, 雖屐履間, 未嘗不得其任.」

玄鎭廣陵, 得劉牢之等爲參軍, 戰無不捷, 號北府兵, 敵人畏之.

490 비수지전沘水之戰

(1) 채찍을 강에 던지더라도

진秦은 군사를 파견하여, 길을 나누어 진晉에 쳐들어가 여러 군을 함락하고, 양양襄陽 자사 주서朱序를 사로잡아 돌아갔다. 얼마 뒤 다시 대거로 칠 의논을 하게 되었다. 그 때 어떤 이가 부견에게 말하였다.

"진晉나라는 장강長江의 험준함이 있습니다."

그러자 부견이 말하였다.

"우리의 대군 정도라면 그 채찍을 강에 던지더라도 가히 그 물길을 끊을 수 있으리라."

당시 안팎이 모두 불가함을 간하였지만 오직 모용수慕容垂와 요장姚萇만은 부견이 출정한 틈을 노리고 있었으므로 남쪽으로 정벌을 나설 것을 권하였다. 부견은 드디어 장안의 수졸戍卒 60여만 명과 기병 27만 명을 발동시켰다.

○ 秦遣兵分道寇晉陷諸郡, 執襄陽刺史朱序以歸, 已而議大擧.

或謂:「晉有長江之險.」

堅曰:「以吾之衆, 投鞭於江, 可斷其流.」

時中外皆諫, 惟慕容垂·姚萇, 欲乘其釁, 勸之南伐. 堅遂發長安戍卒六十餘萬, 騎二十七萬.

【襄陽】河南에 속하는 府.

⑵ 진晋나라의 계속된 공격

진晉나라는 사석謝石을 정토대도독征討大都督으로 삼고, 사현謝玄을 전봉도독前鋒都督으로 삼아 8만의 무리를 거느리고 이를 막도록 하였다. 유뇌지는 정병 5천을 거느리고 낙간洛澗으로 내달아 곧바로 강을 건너 진秦의 선봉 양성梁成을 습격하여 목을 베었고, 사석 등은 수륙水陸으로 계속 진격하였다.

晉以謝石爲征討大都督, 謝玄爲前鋒都督, 督衆八萬拒之.
劉牢之帥精兵五千趨洛澗, 直渡水, 擊秦前鋒梁成斬之, 石等
水陸繼進.

⑶ 학 우는 소리만 듣고도 놀라

부견이 수양성壽陽城에 올라 바라보았더니 진군晉軍의 진영은 엄정하였다. 다시 팔공산八公山의 초목을 바라보면서 이것이 모두가 진晉의 군사로 보였다. 부견은 두려워하는 낯빛이 역력하였다.

진군秦軍은 비수肥水, 淝水에 임박하여 진을 쳤다. 사현은 사람을 시켜 부견에게 이렇게 말하도록 하였다.

"진을 옮겨 조금 물러나 우리 병사로 하여금 강을 건너게 하여 승부를 결정짓는 것이 가하겠는가?"

부견은 진晉나라 군사의 말을 들어주되 그들이 반쯤 건넜을 때 치리라고 생각하였다. 그리하여 군사를 지휘하여 물러나게 하였더니 진병은 물러나면서 멈출 수가 없는 상황이 되고 말았다. 주서朱序가 그들의 후방에 있었는데 이렇게 외쳤다.

"진병秦兵이 패하였다!"

이리하여 진秦나라 군사는 궤멸하고 말았다.

사현 등은 승세를 타고 추격하였고 진병이 크게 패하였다. 달아나는 군사는 바람 소리, 학 우는 소리를 듣고도 모두 진병晉兵이 뒤쫓아오는 줄로 여겼다.

부견은 낭패를 당한 채 장안長安으로 돌아갔다.

堅登壽陽城望見, 晉兵部陣嚴整. 又望見八公山草木, 皆以爲晉兵, 憮然有懼色. 秦兵逼肥水而陣.

玄使人謂曰:「移陣小卻, 使我兵得渡, 以決勝負, 可乎?」

堅欲聽晉兵, 半渡麾之. 麾兵使卻, 秦兵退, 不可復止.

朱序在陣後呼曰:「秦兵敗矣!」

遂潰.

玄等乘勝追擊, 秦兵大敗. 走者聞風聲鶴唳, 皆以爲晉兵至. 堅狼狽還長安.

【壽陽】 淮西에 속하며 지금의 安豐府.

【八公山】 壽春 북쪽에 있는 산.

【憮】 失意한 모습.

【肥水】 淝水로도 쓰며 信陽軍 丙方山에서 발원하여 東北으로 淮水로 흘러드는 물.

491 모용수慕容垂가 연왕燕王을 자칭하다

모용수慕容垂가 진秦을 배반하고, 하내河內에서 일어나 연왕燕王, 後燕을 자칭하였다.(384년)

○ 慕容垂叛秦, 起於河內, 自稱燕王.

492 후진後秦

요장姚萇이 진秦을 배반하고 북지北地에서 일어나 진왕秦王을 자칭하였
는데 이것이 후진後秦이다.(384년)

○ 姚萇叛秦, 起於北地, 自稱秦王, 是爲後秦.

【北地】陝西에 속하는 郡으로 지금의 輝州.

493 서연西燕

　모용충慕容沖이 진秦을 배반하고 평양平陽에서 기병하여 황제를 일컬었는데 이것이 서연西燕이다.(385년) 그가 장안을 공격하자 진주秦主 부견符堅은 도망하였다. 후진의 군주 요장姚萇이 부견을 잡아 죽였다.

　○ 慕容沖反秦, 起兵平陽, 稱帝, 是爲西燕. 攻長安, 秦主符堅出奔. 後秦主萇執而弑之.

● 원주의 본 장에 대한 史評은 다음과 같다.
司馬溫公曰:「論者皆以爲秦堅之亡, 由不殺慕容垂姚萇故也. 愚獨以爲不然. 許劭謂: 魏武帝, 治世之能臣, 亂世之姦雄. 使堅治國無失道, 則垂萇皆秦之能臣也, 焉能爲亂哉? 堅之所以亡, 由驟勝而驕故也. 魏文侯問李克吳之所以亡, 曰:『數戰數勝.』曰:『數戰數勝國之福也. 何故亡?』曰:『數戰則民疲, 數勝則主驕. 以驕主御疲民, 未有不亡者也.』秦堅似之矣.」

494 태연히 바둑만 두다

진晉 태보太保 사안謝安이 죽었다. 사안은 문아文雅함이 왕도王導보다 나았으며 덕망과 도량이 있었다. 부견이 진晉에 쳐들어와 조야가 진동하였지만 사안은 태연히 자신의 별장에서 바둑을 두고 있었다. 잠시 후 승리했다는 보고가 이르렀을 때에도 사안은 손님과 바둑을 두고 있다가 그 보고서를 다 보고 나서는 자리 옆에 밀어놓고, 손님에게 기뻐하는 기색도 보이지 않았다.

바둑이 끝나고 객이 묻자 천천히 이렇게 대답하였다.

"아이들이 이미 적을 깨뜨렸다는군요."

손님이 떠나고 나서 사안은 방으로 들어오면서 너무 기뻐한 나머지 신발 축이 부러지는 것도 몰랐다. 감정을 억누르고 사물에 진정함이 이와 같았다.

○ 晉太保謝安卒. 安文雅過王導, 有德量. 方秦寇至, 朝野震動, 安夷然圍棊賭墅. 捷書至, 安方與客棊, 覽畢寘坐側, 無喜色.

棊罷, 客問之, 徐曰:「小兒輩已遂破賊.」

客去, 安入戶, 喜甚, 不覺屐齒折, 其矯情鎮物如此.

【墅】 별서. 별장을 뜻함.(田盧曰墅. −원주)

【寘】 '置'와 같음.

【屐齒折】 너무 기뻐 뛰다가 신발 축이 부러진 것임.(喜極而躍, 故屐齒折. −원주)

495 부비苻丕

진주秦主 부견苻堅의 아들 비苻丕가 진양晉陽에서 황제를 칭하였다.(385년)

○ 秦主苻堅之子丕, 稱帝于晉陽.

496 탁발규拓跋珪

탁발규拓跋珪가 다시 일어나 대왕代王이 되었다. 이에 앞서 유고인劉庫仁이 그의 부하에게 죽고 아우 두권頭眷이 대를 이어 그 무리를 통솔하였다. 유고인의 아들 현顯이 두권을 죽이고 자립하여 다시 탁발규까지 죽이려 하였다. 이에 탁발규는 하란부賀蘭部로 달아나 그 장인에게 의탁하였다. 여러 부部의 대인들이 탁발규를 추대하여 임금으로 삼았다. 탁발규는 드디어 왕위에 올라(386년)성락盛樂으로 옮겼다가 뒤에 국호를 위魏, 北魏로 고쳤다.

○ 拓跋珪復立爲代王. 先是, 劉庫仁爲其下所殺, 弟頭眷代領其衆. 庫仁之子顯, 殺頭眷而自立, 又欲殺珪. 珪奔賀蘭部, 依其舅. 諸部大人, 推珪爲主, 遂卽王位, 徙居盛樂, 後改稱魏.

【賀蘭】北狄의 別種 이름.

〈大同 雲岡석굴 벽화와 불상〉

497 연왕燕王 모용수慕容垂

연왕燕王 모용수慕容垂가 중산中山에서 황제를 칭하였다. (384년)

○ 燕王垂稱帝于中山.

498 서연西燕의 모용영慕容永

서연西燕의 백성이 그 군주 모용충慕容沖을 죽이고, 단수段隨를 세웠다.
그리고 다시 단수를 죽이고 모용충慕容忠을 세웠다가 또다시 충을 죽이고
모용영慕容永을 세웠다. 영이 진주秦主 부비苻丕를 공격하자 부비는 패하여
남쪽으로 달아났다가 진晉의 장군에게 요격邀擊당하여 죽었다. 모용영은
장자長子에서 황제를 칭하였다.(386년)

○ 西燕人弑其主沖立段隨. 又殺隨立慕容忠, 又殺忠立慕容永.
永擊秦主苻丕, 丕敗南走, 爲晉將軍邀擊殺之. 慕容永稱帝於
長子.

【將軍】진나라 장수 馬該.
【長子】縣 이름. 潞州에 속함.

499 부등符登

진秦, 前秦의 먼 친척 부등符登이 남안南安에서 황제를 칭하였다.(386년)

○ 秦疏族符登, 稱帝於南安.

500 후진後秦 요장姚萇

후진後秦의 요장姚萇이 이에 앞서 장안에 들어가 황제를 칭하였다.(384년)
부등符登이 군사를 거느리고 자주 후진後秦과 싸웠으나 승부가 비등하였다.

○ 後秦姚萇, 先是已入長安稱帝. 符登引兵數與後秦戰, 互有
勝負.

【數】삭(朔)으로 읽음.

501 요흥姚興

후진의 군주 요장이 죽고 아들 흥興이 서서 부등苻登을 쳐서 죽였다.(394년)

○ 後秦主姚萇卒, 子興立, 擊登殺之.

【苻登의 죽음】 이상 前秦의 부건(苻健)이 穆帝 永和 7年 참칭한 이래 이때에 이르러 여섯 군주이며 모두 44년이다.(右前秦苻健自穆帝永和七年僭號, 至是六主, 合四十四年. —원주)

502 모용영慕容永이 죽다

연주燕主 모용수慕容垂가 서연西燕을 공격하여 장자長子를 함락시키고 서연의 군주 모용영을 죽였다.(394년)

○ 燕主垂擊西燕拔長子, 殺西燕主永.

503 모용보慕容寶

연주 모용수가 죽고 아들 보慕容寶가 섰다.(396년)

○ 燕主垂卒, 子寶立.

504 중원中原의 대란

  진주秦主 부견符堅이 패한 후로부터 중원에 대란이 일어났다. 그 중 큰 나라는 후연後燕의 모용씨慕容氏와 후진後秦의 요씨姚氏로써 이들은 번갈아 황제를 일컬었다. 또 그 시기를 틈타 일어난 자로써 진秦의 옛 신하 여광呂光 같은 이는 양주涼州에 할거하여 양천왕涼天王이라 칭하였으며(386년) 선비鮮卑 걸복국인乞伏國仁은 농우隴右를 할거하고 서진왕西秦王이라 일컬었다.(385년) 걸복국인이 죽고 아우 건귀乾歸가 뒤를 이었다. 뒤에 다시 선비 독발오고禿髮烏孤라는 자가 하서河西에서 일어나 남량南涼이라 하였다.(397년)

  ○ 自符堅之敗, 中原大亂. 其大者, 慕容氏·姚氏, 迭擧大號. 其乘時而起, 如秦故臣呂光, 據涼州稱涼天王; 鮮卑乞伏國仁, 據隴右稱西秦王. 國仁卒, 弟乾歸繼之. 後又有鮮卑禿髮烏孤, 起河西, 號南涼.

【乞伏國仁】 乞伏은 씨족명이며 國仁은 이름.
【禿髮烏孤】 禿髮은 씨족명이며 烏孤는 이름.

505 만년 동안 천자노릇을 하고 싶다

진晉이 진秦을 격파한 이후 강좌江左는 무사하였다. 회계왕會稽王 사마도자司馬道子가 정권을 잡았다. 효무제孝武帝는 술을 좋아하여 흐트러진 모습만 보일 뿐이었다. 마침 장성長星이 나타났는데도 황제는 잔을 들어 별을 향해 이렇게 말하는 것이었다.

"장성아, 너에게 술을 한 잔 권하노라. 세상에 어찌 만년이나 천자노릇을 할 수 있겠느냐?"

○ 晉自敗秦以後, 江左無事. 會稽王道子爲政.
帝嗜酒流連而已. 長星見, 帝擧酒向之曰:「長星, 勸汝一杯酒, 世豈有萬年天子邪?」

【道子】孝武帝의 아우.
【長星】彗星. 불길하게 여겼으며 그 꼬리가 길어 長星이라 함.(妖星, 其芒長也. ─원주)
【見】음은 '현'(現)이다.

506 장귀인張貴人

장귀인張貴人은 나이 30이었는데 그의 총애는 후궁에서 제일이었다.
어느 날 황제가 취중에 이렇게 희롱하였다.
"너도 나이로 말하면 역시 의당 물러가야 하겠구나."
장귀인은 시녀侍女를 시켜 황제의 얼굴을 뒤집어 씌워 시살하였다.(396년)
황제는 재위 15년 연호를 두 번 바꾸어 영강寧康, 태원太元이라 하였다.
태자가 섰다. 이가 안황제安皇帝이다.

○ 張貴人年三十, 寵冠後宮.
醉中戲之曰:「汝以年亦當廢矣.」
貴人使婢蒙其面, 而弒之. 在位十五年, 改元者二: 曰寧康・
太元. 太子立, 是爲安皇帝.

【寧康】 즉위 2년에 연호를 고침

10. 安皇帝

507 안황제安皇帝

안황제安皇帝는 이름이 덕종司馬德宗이며 어릴 때 총명하지 못하여 말도 제대로 하지 못하였으며 추위와 더위, 배고픔과 배부름은 분별하지 못하였고 마시고 먹는 것, 자고 일어나는 것 등 무엇 하나 스스로 해낼 수가 없었다.

이윽고 제위에 오르자 회계왕會稽王이 태부太傅가 되어 정치를 도왔다.

安皇帝:

名德宗, 幼不慧, 口不能言, 寒暑飢飽不辨, 飮食寢興, 皆非己出. 旣卽位, 會稽王以太傅輔政.

508 연주燕主 모용보慕容寶

위왕魏王 탁발규拓跋珪가 해마다 연燕을 공격하여 중산中山을 포위하였다. 연주燕主 모용보慕容寶는 도망하였다가 뒤에 그 부하에게 죽고 말았다.(397년)

○ 魏王拓跋珪, 連歲攻燕, 進圍中山. 燕主慕容寶出奔, 後爲其下所弑.

509 모용덕慕容德

연의 모용상慕容祥이 황제를 칭하였으나 모용린慕容麟이 모용상을 습격하여 죽이고 자립하였다. 위왕 탁발규가 모용린을 패배시켜 쫓아버렸다. 모용린은 모용덕慕容德에게로 달아났으나 모용덕에게 살해당하고 말았다. 모용덕은 광고廣固로 가서 할거하다가 뒤에 황제를 칭하였다. 이가 남연南燕이다.(398년)

○ 燕慕容祥稱帝, 慕容麟襲殺祥而自立. 魏王珪破麟走之. 麟奔慕容德, 爲德所殺. 德往據廣固, 後稱帝, 是爲南燕.

【慕容德】慕容垂의 아우.
【廣固】兗州에 있는 城이름.

510 북연北燕

연燕의 모용성慕容盛이 용성龍城에서 황제를 칭하였다. 이것이 북연北燕
이다.(408년)

○ 燕慕容盛, 稱帝於龍城, 是爲北燕.

【北燕】역사에서는 後燕이라 칭함.

511 탁발규拓跋珪가 평성平城에 도읍하다

위왕魏王 탁발규가 황제를 칭하며 평성平城에 도읍하였다. (386년)

○ 魏王珪稱帝, 都平城.

〈耙地圖〉 甘肅 嘉峪關 魏晉墓 출토

512 북량北涼

양涼의 단업段業이 양왕涼王을 칭하며 장액張掖에 할거하였다. 이가
북량北涼이다.(396년)

○ 涼段業稱涼王, 據張掖, 是爲北涼.

513 유유劉裕의 기병

　　진晉의 회계왕會稽王 도자司馬道子가 일체의 정사를 세자 원현司馬元顯
에게 맡겼다. 이 때문에 진의 정치가 어지러워져서 강동江東이 시끄러
웠다. 요적妖賊 손은孫恩이 민심의 동요를 틈타 섬에서 나와 난을 일으켰다.
유유劉裕가 손은을 치면서 공을 세워 기병하게 되었다.

　　○ 晉會稽王道子, 專以政事委世子元顯. 晉政亂, 東土囂然.
妖賊孫恩, 因民心騷動, 自海嶋出作亂. 劉裕因討恩有功而起.

514 북량北涼의 저거몽손沮渠蒙遜

북량北涼의 저거몽손沮渠蒙遜이 단업段業을 죽이고 자립하였다.(401년)
몽손은 흉노匈奴의 종족이다. 후에 고장姑臧으로 옮겼다.

○ 北涼沮渠蒙遜, 弑段業而自立. 蒙遜匈奴之種也. 後遷姑臧.

【沮渠蒙遜】 沮渠는 氏族 이름이며 蒙遜은 인명.

515 양涼의 멸망

　양왕涼王 여광呂光이 죽고 아들 소呂紹가 섰으나 서형庶兄 찬呂纂이
이를 시살하고 대를 이었다. 그런데 여초呂超가 다시 찬을 죽이고 그
형 융呂隆을 세웠다. 융은 후에 진秦에 항복하여 양涼은 멸망하고 말았다.
(403년)

　○ 涼王呂光卒, 子紹立, 庶兄纂, 弑而代之. 呂超又弑纂, 而立
其兄隆. 隆後降秦, 而涼亡.

【涼亡】 이상 後涼은 呂光이 孝武帝 太元 13年(386년)에 참칭한 이래 이때에
이르러(403년) 4世, 모두 18년이었다.(右後涼呂光, 自孝武帝太元十三年僭號,
至是四世, 合十八年. ─원주)

516 서량西涼

농서隴西의 이고李暠가 돈황敦煌을 할거하였다. 이것이 서량西涼이다.
(400년) 뒤에 주천酒泉으로 옮겼다.

○ 隴西李暠據燉煌, 是爲西涼. 後徙酒泉.

【隴西】郡 이름. 南安에 있다.

517 유연柔然

　유연柔然이 사막의 북쪽에서 일어나 고차高車의 땅을 빼앗아 그 곳에 살면서 여러 부족을 합병하였다. 군사와 말이 번성하여 북방의 영웅이 되었으며 그 영토는 서쪽으로는 언기焉耆에 이르고, 동쪽으로는 조선朝鮮에 인접하였으며, 남쪽으로는 대막大漠에 임하였다. 부근의 작은 나라들이 모두 복종하여 위魏와 대적하게 되었다.

　○ 柔然起於漠北, 奪高車之地而居之, 吞倂諸部. 士馬繁盛, 雄於北方, 其地西至焉耆, 東接朝鮮, 南臨大漠. 旁小國皆霸屬, 與魏爲敵.

【柔然】 부족 이름. 처음에 본래 骨閭라 하였으며 죄를 짓고 廣漠으로 도망하였다가
　그 아들 車鹿會 때에 비로소 부족의 무리가 많아지자 호를 柔然이라 하였다.(初本
　骨閭, 逃罪廣漠, 至子車鹿會, 始有部衆, 號柔然. −원주)
【高車】 赤狄의 종족.
【焉耆】 西域에 있는 나라 이름.
【朝鮮】 한반도와 북부 지역을 가리킴.
【大漠】 代의 북쪽 땅 넓은 사막.
【羈屬】 모두 얽매어 복속하게 됨.

518 손은孫恩

진晉의 도적 손은孫恩이 자주 유유劉裕 등에게 패하여 마침내는 바다에
이르러 죽었다. 그 잔당 노순盧循과 서도복徐道覆이 다시 기병하였다.

○ 晉盜孫恩, 數爲劉裕等所敗, 赴海死. 其黨盧循·徐道覆復起.

【數】삭(朔)으로 읽음.

519 환현桓玄의 반란

진晉나라 환현桓玄이 반란을 일으켰다. 처음 그는 아버지 환온桓溫을 이어 남군공南郡公이 되었었는데 재능과 지위를 믿고 영웅호걸이라 자처하였다. 일찍이 의흥義興 현령이 이었을 때 그는 이렇게 탄식하였다.

"아버지는 구주九州의 장관이었는데 아들 된 나는 겨우 오호五湖의 장에 지나지 않는구나."

그리하여 벼슬을 버리고 귀국하여 뒤에 강주江州 자사가 되었다. 얼마 후 형주荊州, 강주江州 등 8주州의 군사를 도독하게 되어 강릉江陵을 할거하였다.

이리하여 이때에 이르러 거병하여 건강建康으로 쳐들어가 원현司馬元顯을 죽이고 다시 그의 아버지 도자司馬道子까지 죽였다. 환현은 상국이 되어 초왕楚王에 봉해지고 구석九錫을 받았다. 이윽고 그는 제위를 선양하라고 위협하였다.

이에 유유劉裕가 경구京口에서 기병하여 환현桓玄을 토벌한다고 나서서 환현과 싸워 크게 깨뜨렸다. 환현은 나와 도망쳤으나 강릉에서 참수되고 말았다. 이리하여 안제安帝는 다시 천자의 자리에 오르고 유유는 경구를 수비하게 되었다.

○ 晉桓玄反. 初玄嗣父溫爲南郡公, 負其才地, 以雄豪自處.
嘗守義興, 歎曰:「父爲九州伯, 兒爲五湖長.」

棄官歸國, 後爲江州刺史. 尋都督荊江等八州軍事. 據江陵.
至是擧兵入建康, 殺元顯, 又殺道子. 玄爲相國, 封楚王, 加九錫,
已而迫帝禪位.

劉裕起兵於京口討玄. 與玄兵戰, 大破之. 玄出走, 斬首於江陵.
帝復位, 劉裕鎮京口.

【南郡】江陵을 가리킴.

【才地】才能과 문벌, 지위.

【義興】縣 이름. 常州에 속함.

【五湖】烏程縣의 경계에 있는 지명.

【八州軍事】먼저 荊州, 湘州, 雍州, 秦州, 梁州, 益州, 寧州의 도독을 지냈으며 뒤에 다시 江州를 고집하여 드디어 八州의 도독이 됨.

【京口】郡 이름. 江浙에 속하며 지금의 鎭江府.

520 진秦의 혁련발발赫連勃勃

진秦의 혁련발발赫連勃勃이 진秦에 반기를 들고 삭방朔方을 할거하여
자칭 대하천왕大夏天王이라 하였다.(407년) 발발은 지난 날 흉노의 유위진
劉衛辰의 아들이다.

○ 秦赫連勃勃, 叛秦據朔方, 自稱大夏天王. 勃勃故匈奴劉
衛辰之子也.

【赫連勃勃】赫連은 씨족 이름. 赫連勃勃은 몰돌선우(冒頓單于)의 二十一世孫
이라 함.

521 남연南燕을 치다

진晉이 남연南燕을 쳤다. 이에 앞서 남연의 군주 모용덕慕容德이 죽고,
형의 아들 초慕容超가 들어서서 진晉의 국경지방을 침략하자 유유가
글을 올려 이를 토벌할 것을 주장하였던 것이다.

○ 晉伐南燕. 先是, 南燕主慕容德卒, 兄子超立. 侵略晉邊,
劉裕抗表伐之.

522 북연北燕의 멸망

북연北燕이 그 신하 풍발馮跋에게 멸망하였다.(407년)

이에 앞서 북연北燕의 군주 성慕容盛이 그 부하에게 죽고, 숙부 희慕容熙가 섰다. 풍발이 희에게 죄를 얻게 되자 풍발은 희를 죽이고 희의 양자 고운慕容高雲을 세웠다. 그러나 얼마 지나지 않아 다시 고운도 죽이고 자립하였다.(407년)

○ 北燕爲其臣馮跋所滅. 先是, 北燕主盛, 爲其下所殺, 叔父熙立. 跋得罪於熙, 弑之而立熙之養子高雲, 未幾, 又弑雲而自立.

【北燕】 이상 後燕의 慕容垂가 武帝 太元 8년에 참칭한 이래 이때에 이르러 5世, 모두 27년이었다.(右後燕慕容垂, 自孝武太元八年僭號, 至是五世, 合二十七年. ─원주)

523 도무황제道武皇帝 탁발규拓跋珪

　위주魏主, 拓跋珪가 남의 남편을 죽이고 그 아내를 맞아 그 사이에
아들 소拓跋紹를 낳았다. 소는 성질이 흉악하고 무뢰하여 아버지 규珪를
죽였다. 제왕齊王 사嗣가 소를 죽이고 서서 규에게 도무황제道武皇帝라는
시호를 올리고 묘호廟號를 열조烈祖라 하였다.

　○ 魏主殺人之夫而納其妻, 與之生子紹, 兇狠無賴, 殺珪. 齊王
嗣殺紹而立, 珪諡道武皇帝, 廟號烈祖.

【其妻】賀太后의 여동생이었다.
【嗣】道武皇帝의 長子.

524 남연南燕의 멸망

진晉의 유유劉裕가 광고廣固를 함락시키고 모용초慕容超를 잡아 건강建康으로 송치하여 참수하였다. 이리하여 남연南燕은 망하였다.(410년)

○ 晉劉裕拔廣固, 執慕容超, 送建康斬之. 南燕亡.

【南燕】이상 南燕은 慕容德이 安帝 隆安 2년 참칭한 이래 이때에 이르러 2世, 모두 13년이었다.(右南燕慕容德, 自安帝隆安二年僣號, 至是二世, 合十三年. -원주)

525 유유劉裕의 활약

노순盧循이 유유劉裕가 북벌하는 틈을 타 번우番禺에서 나와 곧바로 건강建康을 공격하여 내려갔다. 유유가 부름을 받아 급히 돌아와 여러 군사와 힘써 싸우자 노순은 퇴각하였다. 유유가 추격하여 깨뜨리자 노순은 교주交州로 달아났다가 그곳 자사에게 패하였다. 자사는 노순을 참수하여 건강으로 보냈다.

○ 盧循乘劉裕北伐, 出自番禺, 直下襲建康. 劉裕被徵急還, 諸軍力戰, 循乃退. 裕追破之, 循走交州, 爲刺史所敗. 斬首送建康.

【番禺】郡 이름으로 廣州이다.
【刺史】당시 자사는 杜慧度였음.

526 서진西秦의 걸복한귀乞伏韓歸

서진西秦의 걸복한귀乞伏韓歸가 그 부하에게 시살당하고 아들 치반乞伏
熾盤이 섰다.(412년)

○ 西秦乞伏韓歸, 爲其下所弒, 子熾盤立.

527 남량南涼의 멸망

　서진이 남량南涼을 공격하여 이를 멸하였다. 이에 앞서 남량의 군주
독발오고禿髮烏孤가 죽고 아우 이록고利鹿孤가 섰으나 죽고, 다시 아우
녹단傉檀이 섰다. 이에 이르러 걸복치반乞伏熾盤의 습격을 받아 녹단을
서진西秦으로 돌려보내어 죽였다. 이리하여 남량南涼이 망하였다.(416년)

　○ 西秦襲滅南涼. 先是, 南涼主禿髮烏孤卒. 弟利鹿孤立, 卒,
弟傉檀立. 至是爲乞伏熾盤所襲, 以傉檀歸殺之, 南涼亡.

【南涼】이상 南涼은 禿髮烏孤가 安帝 隆安 원년(397년) 참칭한 이래 이때에
　이르러 3世, 모두 18년이었다.(右南涼禿髮烏孤, 自安帝隆安元年僭號, 至是三世,
　合十八年. ―원주)

528 후진後秦의 멸망

후진後秦의 군주 요흥姚興이 죽고 아들 홍泓이 섰다. 진晉의 태위太尉
유유劉裕가 이를 토벌하였다. 유유는 팽성彭城을 출발하여 낙양을 거쳐서
무관武關과 동관潼關의 길을 지나 장안長安으로 들어갔다. 요흥은 패하여
나와 항복하였다. 이에 요흥을 건강으로 송치하여 참수하였다. 이리하여
후진後秦은 망하였다.(417년)

○ 後秦主姚興卒, 子泓立. 晉大尉劉裕伐之. 發彭城, 由洛陽,
道武關·潼關, 入長安. 泓敗出降. 送建康斬之. 後秦亡.

【潼關】華陰縣에 있는 관문 이름.
【後秦亡】 이상 後秦은 姚萇이 武帝 太元 9년(384년) 참칭한 이래 이때에 이르러
　(417년) 3世, 모두 24년이었다.(右後秦姚萇, 自孝武太元九年僭號, 至是三世,
　合二十四年. −원주)

529 삼진三秦의 부로父老들

하주夏主 발발勃勃이 진晉의 유유가 진秦을 친다는 말을 듣고 이렇게 말하였다.

"유유는 틀림없이 관중關中을 취하겠지만 오래 관중에 머물러 있지는 못할 것이다. 만약 자제子弟나 제장諸將으로 하여금 관중을 지키게 한다면 내가 이것을 취하기는 개초芥草를 줍는 것과 같으리라."

이때에 이르러 삼진三秦의 부로父老들은 유유가 장차 진晉으로 돌아간다는 말을 듣고 유유의 문에 이르러 눈물을 흘리며 말하였다.

"잔폐한 저희 백성들은 진조晉朝의 교화를 받지 못한 지 백년이나 되었습니다. 비로소 의관을 갖춘 사람들을 보고 서로 축하하고 있었는데 공께서 이를 버리고 어디로 가려 하십니까?"

그러나 유유는 팽성으로 돌아가고 말았다. 발발이 즉시 장안을 함락하고 황제를 칭하고 통만統萬으로 돌아갔다.

○ 夏主勃勃, 聞裕伐秦曰:「裕必取關中, 然不能久留. 若以子弟諸將守之, 吾取之如拾芥耳.」

至是三秦父老, 聞裕將還, 詣門流涕曰:「殘民不霑王化, 於今百年. 始睹衣冠人人相賀, 公捨此欲何之乎?」

裕還彭城. 勃勃陷長安稱帝, 歸統萬.

【統萬】夏州에 있는 성으로 勃勃이 도읍하였던 곳임.

530 안제安帝를 목 졸라 죽이다

　진晉은 유유를 상국相國으로 삼아 송공宋公에 봉하고 구석九錫을 얹어
주었다. 그런데 유유는 도참圖讖에 '창명昌明의 뒤에 두 황제가 더 있다'라
한 것을 근거로 사람을 시켜 안제安帝를 목 졸라 죽이도록 하였다.(418년)
　황제는 재위 22년에 연호를 두 번 바꾸어 융안隆安, 의희義熙라 하였다.
의희 원년으로부터 14년에 이르는 동안은 유유가 정권을 잡은 시기이다.
황제의 아우 낭야왕瑯琊王이 섰다. 이가 공황제恭皇帝이다.

　○ 晉以裕爲相國宋公, 加九錫.
　裕以讖云:「昌明之後尚有二帝.」
　乃使人縊晉帝弒之.
　帝在位二十三年, 改元者二: 曰隆安·義熙. 義熙元年至十四年,
則劉裕爲政之日也. 弟瑯琊王立, 是爲恭皇帝.

【使人】 王韶之를 시킨 것임.
【隆安】 즉위 2년에 연호를 고침.

11. 恭皇帝

531 공황제恭皇帝

(1) 유유劉裕에게 양위하다

공황제는 이름이 덕문司馬德文이었다. 즉위한 이듬해 유유는 작위가 올라가 송왕宋王이 되어 팽성으로부터 수양壽陽으로 옮겼다. 그리고 다시 이듬해 유유는 건강建康으로 돌아왔다.

공황제는 연호를 원희元熙라 고쳤다. 유유에게 양위하고 이윽고 피살되었다.(420년)

恭皇帝:

名德文. 卽位之明年, 劉裕進爵爲宋王, 自彭城移鎭壽陽. 又明年裕還建康. 帝在位改元者一: 曰元熙. 禪位于裕, 已而被弑.

⑵ 동진東晉의 멸망

동진東晉은 원황제元皇帝, 317년으로부터 이에 이르기까지(420년) 11세 104년이었으며, 서진西晉 동진東晉을 통틀어 156년에 망하였다.

東晉自元皇帝, 至是凡十一世, 一百四年, 西晉・東晉, 通一百五十六年而亡.

❋ 본장의 총평에 대한 司馬光의 史評은 다음과 같다.
司馬溫公曰:「晉室旣衰, 中原雲擾, 戎狄腥羶之氣, 薰于華岱, 宮闕蕪沒, 陵廟隳焚. 元帝以宗室疎屬, 遽居江表. 天下士民, 有思晉室者, 皆裹糧而歸之. 於荊楊之閒, 子孫相承, 不絶如線. 獨明帝英武, 克淸大憝. 不幸享國不永, 自餘孱弱孤危, 外陵內叛, 寄命於虎狼之口, 幾遇呑食者數矣. 卒能保其位號, 宗廟血食, 百有餘年, 何哉? 有王導卞壺溫嶠陶侃謝安謝玄爲之臣也. 羣賢旣沒, 而道子元顯之輔之, 敗亡不亦宜乎!」

十八史略

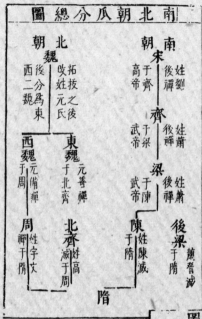

〈北朝分合圖〉《三才圖會》

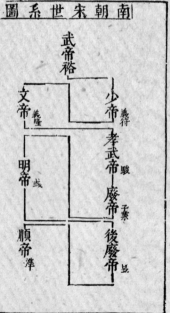

〈南朝宋世系圖〉《三才圖會》

(十四) 南北朝

532 남북조南北朝의 개황

남조南朝는 진晉이 송宋에게 전해졌고, 송宋이 제齊에게 전해졌으며, 제는 양梁에게 전해졌고 양은 진陳에게 전해졌다.

북조北朝는 여러 나라가 위魏에 합병되고부터, 위의 뒤에는 서위西魏, 동위東魏로 나뉘었다. 동위는 북제北齊에게 전하였고, 서위는 후주後周에게 전하였으며, 후주는 북제를 병합하여 수隋에 전하였다. 수가 진陳을 멸한 연후에야 남북이 섞여 하나가 된 것이다. 이제 남조南朝를 먼저 기술記述하고 북조北朝를 그 사이에 부기附記하기로 한다.

南朝: 自晉以傳之宋, 宋傳之齊, 齊傳梁, 梁傳陳.

北朝: 自諸國併於魏, 魏後分爲西魏・東魏. 東魏傳北齊, 西魏傳後周, 後周併北齊而傳之隋. 隋滅陳, 然後南北混爲一. 今以南爲提頭, 而附北於其間.

(가) 宋

1. 高祖武皇帝

⊛ 南朝 宋의 첫 황제.
武帝. 劉裕. 420년~422년 재위.

533 고조무황제高祖武皇帝

(1) 젖을 얻어먹고 자란 유유劉裕

송宋 고조무황제高祖武皇帝는 성이 유씨
劉氏이며 이름은 유裕로 팽성彭城 사람이다.
전하기로 한漢나라 초원왕楚元王 유교劉交의
자손이라 한다. 유유는 태어나자 어머니가
죽었으며 아버지가 경구京口에 한동안
머물러 있을 때 그를 버리고자 하였는데,
종모從母가 그를 구제하여 젖을 먹여 길렀다.
장성하여 용감하고 호걸다워서 큰 뜻을
품고 있었으나 겨우 글자만 알아볼 정도
였다. 어릴 때의 자는 기노寄奴였다.

〈송 무제(劉裕)〉《三才圖會》

宋高祖武皇帝:

姓劉氏, 名裕, 彭城人也. 相傳爲漢楚元王交之後.

裕生而母死, 父僑居京口, 將棄之, 從母救而乳之. 及長勇健
有大志, 僅識字. 小字寄奴.

【交之後】漢 高祖(劉邦)의 아들로 楚元王에 봉해진 劉交의 후손으로 《世紀》에
의하며 劉交의 16세가 劉靖을 낳고, 劉靖이 劉翹를 낳았으며 劉翹가 劉裕를
낳았다고 한다.

(2) 그는 왕이 될 자입니다

　어느 날 길에서 큰 뱀을 만나 때려 상처를 입힌 적이 있었는데,
얼마 후 그 곳에 이르렀더니 아이들이 약을 찧고 있기에 이상히 여겨
물었다.
　"무엇들을 하고 있느냐?"
　그들이 대답하였다.
　"우리 임금이 유기노에게 상처를 받았습니다."
　유유가 다시 물었다.
　"그럼 왜 그를 죽이지 않느냐?"
　아이들이 말하였다.
　"기노는 왕이 될 자여서 죽지 않습니다."
　유가 크게 호령하여 꾸짖자 즉시 흩어져 보이지 않는 것이었다.

嘗行遇大蛇, 擊傷之. 後至其所, 見有羣兒擣藥, 裕問:「何爲?」
答曰:「吾王爲劉寄奴所傷.」
裕曰:「何不殺之?」
兒曰:「寄奴王者, 不死.」
裕叱之, 卽散不見.

(3) 드디어 제위를 선양받다

처음에 유뢰지劉牢之의 군사의 참모가 되었는데 어느 날 파견되어
적군을 정찰하러 나갔다가 적 수천 명을 만나게 되었었다. 유유는
긴 칼을 휘두르며 혼자서 이들을 몰아버렸다. 그러나 유유의 군사들이
세를 타고 진격하여 크게 깨뜨리게 되었다. 유유는 이로부터 이름이
알려지기 시작하였으며 그 뒤 장군과 재상직을 20여 년 역임하였다.
그 동안에 환현桓玄을 주살하고 손은孫恩과 노순盧循을 평정하였으며,
남연南燕과 후진後秦을 멸망시키고 마침내 진晉으로부터 제위를 선양받은
것이다.(420년)

初參劉牢之軍事, 嘗遣覘賊, 遇賊數千人. 裕奪長刀獨驅之,
衆軍因乘勢, 進擊大破之. 裕由是知名, 其後爲將相二十餘年.
誅桓玄, 平孫恩盧循, 滅南燕・後秦, 卒受晉禪.

534 서량西涼의 멸망

서량西涼의 이고李暠가 죽고 시호를 무소왕武昭王이라 하였다. 아들 흠歆이 섰다가 몇 해 후 이때에 이르러 북량北涼의 저거몽손沮渠蒙遜의 유혹에 넘어가 그와 싸우다가 죽었다. 이리하여 서량은 망하였다.(421년)

○ 西涼李暠卒, 謚曰武昭王. 子歆立, 數年至是爲北涼沮渠蒙遜誘, 與戰殺之, 西涼亡.

【歆】《世紀》에는 劉欲으로 되어 있음.
【西涼亡】이상 西涼은 李暠이 晉 安帝 隆安 3년(399년) 참칭한 이래 이때에 이르러 2世, 모두 22년이었다.(右西涼李暠, 自晉安帝隆安三年僭號, 至是二世, 合二十二年. —원주)

535 유유劉裕가 죽다

송주宋主는 재위 3년에 연호를 고쳐 영초永初라 하였다. 죽고(422년) 나서 태자가 섰다. 이가 폐제廢帝 형양왕滎陽王이다.(423년)

○ 宋主在位三年, 改元者一, 曰永初. 殂, 太子立, 是爲廢帝滎陽王.

【滎陽王】 역시 廢帝라고도 한다.

2. 廢帝滎陽王

❀ 廢帝(少帝). 南朝 宋의 제2대 황제.
劉義符. 423년~424년 재위.

536 폐제형양왕廢帝滎陽王

폐제 형양왕은 이름이 의부劉義符였으며 열일곱에 즉위하였다. 아버지의 상중喪中에도 무례히 굴며 놀이에 빠져 무도하였다.

廢帝滎陽王:
名義符, 年十七卽位, 居喪無禮, 遊戲無度.

537 북위北魏 태종太宗이 죽다

위주魏主 사嗣가 죽어 시호를 명원황제明元皇帝라 하고 묘호廟號를 태종
太宗이라 하였다. 아들 도拓跋燾가 섰다. (424년)

○ 魏主嗣殂, 諡明元皇帝, 廟號太宗, 子燾立.

538 폐제廢帝가 죽다

송주宋主는 재위 3년에 연호를 한 번 고쳐 경평景平이라 하였다. 서선지徐羨之, 부량傅亮, 사회謝晦가 송주를 폐하여 죽였다. 의도왕宜都王이 섰다. 이가 태종문황제太宗文皇帝이다. (424년)

○ 宋主在位三年, 改元者一, 曰景平. 徐羨之・傅亮・謝晦, 廢而弑之. 宜都王立, 是爲太宗文皇帝.

【宜都】峽州에 속하는 읍.

3. 文皇帝

❀ 文帝. 南朝 宋의 제3대 황제.
劉義隆. 424년~453년 재위.

539 문황제 文皇帝

문황제는 이름이 의륭劉義隆이었으며
평소 영망令望이 있었다. 소제 형양왕이
폐출廢出되자 영입되어 즉위하였다.(424년)

文皇帝:

名義隆, 素有令望. 少帝廢, 迎入
卽位.

【義隆】武帝의 셋째아들.

〈송 문제〉《三才圖會》

540 하왕夏王 발발勃勃이 죽다

하왕夏王 발발赫連勃勃이 죽고 아들 창赫連昌이 섰다.(425년)

○ 夏王勃勃殂, 子昌立.

541 도연명陶淵明

진晉의 징사徵士 도잠陶潛이
죽었다. 도잠은 자가 연명淵明
이었으며 심양潯陽 사람으로
도간陶侃의 증손曾孫이다.

어릴 때부터 고취高趣가
있었다. 일찍이 팽택彭澤의
현령縣令이 되어 80일쯤 지
났을 때 군郡의 독우督郵가
오자 현리縣吏가 도잠에게
이렇게 말하였다.

〈도연명〉《三才圖會》

"속대束帶하고 만나셔야 합니다."

도잠은 탄식하며 대답하였다.

"내 어찌 다섯 말 쌀을 위하여 향리의 어린 아이를 향해 허리를
꺾을 수 있겠는가?"

그리고 그 날로 즉시 인수印綬를 풀어버리고 떠났다. 그리고 부賦
〈귀거래사歸去來辭〉를 짓고 〈오류선생전五柳先生傳〉을 썼다.

그를 불렀으나 나가지 않았다. 그는 자기의 조상이 진晉나라 신하였음
으로 해서 송宋 고조高祖의 왕업王業이 차차 융성해지자 다시는 벼슬길로
나서지 않기로 했다. 그러다가 이때에 이르러 세상을 마친 것이다.
호를 정절선생靖節先生이라 하였다.

○ 晉徵士陶潛卒. 潛字淵明, 潯陽人, 侃之曾孫也.
少有高趣, 嘗爲彭澤令, 八十日郡督郵至, 吏曰:「應束帶見之.」
潛歎曰:「我豈能爲五斗米, 折腰向鄕里小兒?」
卽日解印綬去.

〈歸去來辭詩意圖〉 明 李在(畫)

賦歸去來辭, 著五柳先生傳.

徵不就, 自以先世爲晉臣, 自宋高祖王業漸隆, 不復肯仕. 至是終世, 號靖節先生.

【晉徵士】 晉나라 徵士라고 한 것은 그가 宋나라에 대하여 인정하지 아니하고 절의를 지켰음을 뜻한다.

【潯陽】 江州에 속하는 군 이름.

【彭澤】 九江에 속하는 현 이름.

【五斗米】 월급. 月俸을 뜻함.

〈陶淵明醉歸圖〉 明 張鵬(畫)

542 북위北魏와 하夏의 싸움

위魏는 자주 하夏와 싸웠다. 이때에 이르러 하주夏主 창赫連昌을 잡아
돌아왔다.

○ 魏數與夏戰. 至是執其主昌以歸.

【數】음은 '삭'(朔)이다.

543 하夏의 혁련정赫連定

하夏의 혁련정赫連定이 평량平涼에서 황제를 칭하였다.(428년)

○ 夏赫連定, 稱帝於平涼.

【平涼】鞏昌에 속하는 府이며 右北平이다.

544 서진西秦의 걸복치반乞伏熾盤

서진西秦의 군주 걸복치반乞伏熾盤이 죽고 그의 아들 모목乞伏暮木이
섰다.(428년)

○ 西秦主乞伏熾盤卒, 子暮木立.

545 북연北燕의 풍발馮跋

북연北燕의 풍발馮跋이 죽고 아우 홍馮弘이 섰다.(431년)

○ 北燕馮跋殂, 弟弘立.

546 서진西秦과 하夏의 멸망

　하주夏主 혁련정이 서진西秦을 공격하여 진주秦主 모목暮木을 데리고 돌아와 죽였다. 이리하여 서진은 멸망하였다.(431년) 혁련정은 다시 북량北凉을 쳐 그 땅을 빼앗고자 하였으나 토욕혼吐谷渾이 그들을 습격하였다. 혁련정은 사로잡혀 위魏로 송치되었다. 이리하여 하夏는 멸망하였다. (431년) 토욕혼이란 모용씨慕容氏의 별종이다.

　○ 夏主定擊西秦, 以暮木歸, 殺之, 西秦亡. 定又擊北凉欲奪 其地, 吐谷渾襲其軍, 執定送魏, 夏亡.

　吐谷渾者, 慕容氏之別種也.

【西秦亡】 이상 西秦은 乞伏國仁이 晉 武帝 太元 17년 참칭한 이래 이때에 이르러 4世, 모두 17년이었다.(右西秦乞伏國仁, 自晉孝武帝太元十七年僭號, 至是四世, 合四十七年. －원주)

【谷】 음은 '욕'(欲)이다.

【夏亡】 이상 夏는 赫連勃勃이 晉 安帝 義熙 4년에 참칭한 이래 이때에 이르러 3世, 모두 24년이었다.(右夏赫連勃勃, 自晉安帝義熙四年僭號, 至是三世, 合二十 四年. －원주)

547 북량北涼의 저거몽손沮渠蒙遜

북량北涼의 저거몽손沮渠蒙遜이 죽고 그 아들 목건牧犍이 섰다. (433년)

○ 北涼沮渠蒙遜卒, 子牧犍立.

548 사령운謝靈運

송宋의 사령운謝靈運이 죄를
지어 주살되었다. 사령운은
산택을 돌아다니며 유람하
기를 좋아하여 따르는 자가
수백 명이었다. 그가 나무
를 베어 길을 내자 백성들은
놀라 소요하였으며, 혹자는
그가 모반할 마음을 품고 있
다고 표를 올리기도 하였다.

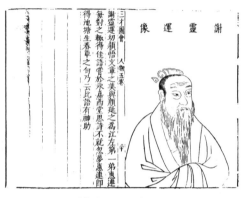

〈謝靈運〉《三才圖會》

임천臨川 내사內史가 되어 유사有司가 그를 규탄하여 잡히자 사령운은
군사를 일으켜 달아나며 시詩를 지어 이렇게 말하였다.

"한韓이 멸망하자 자방子房이 분기하였고,

진秦이 황제를 칭하려 하자 노련魯連이 부끄럽게 여겼네."

뒤쫓아 사령운을 체포하여 광주廣州로 귀양보냈다가 이윽고 기시棄市
하였다.

○ 宋謝靈運以罪誅. 靈運好爲山澤之遊, 從者數百人. 伐木開徑,
百姓驚擾, 或表其有異志.

爲臨川內史, 有司糾之, 被收, 靈運興兵逃逸, 作詩曰:『韓亡
子房奮, 秦帝魯連恥.』

追討擒之, 徙廣州, 已而棄市.

【臨川】 江西에 속하는 군으로 지금의 撫州俯이다.

【子房奮】 秦始皇에 의해 韓나라가 망하자 張良(子房)이 분개하여 일어선 사건. (2권 참조)

【魯連恥】 전국 시대 秦나라가 帝號를 칭하려 하자 魯仲連이 부끄럽게 여겨 변론한 사건.(《戰國策》 참조)

549 연燕의 멸망

위北魏가 연北燕을 치자 풍홍馮弘은 고려高麗, 高句麗로 달아났다가 피살
되었다. 이리하여 연은 멸망하였다.(436년)

○ 魏伐燕, 馮弘奔高麗, 而被殺, 燕亡.

【高麗】高句麗. 중국 고대 사서에는 '高句麗'를 흔히 '高麗'라 표기하였다.
【燕亡】이상 北燕은 馮跋이 晉 安帝 義熙 6년(410년) 참칭한 이래 이때에 이르러
　2世, 모두 28년이었다.(右北燕馮跋, 自晉安帝義熙六年僭號, 至是二世, 合二十八年.
　-원주)

550 북량北涼의 멸망

북위가 양北涼을 쳐서 고장姑臧은 궤멸되고 목건牧犍은 항복하였다가 뒤에 피살되어 북량北涼은 망하였다.(439년)

○ 魏伐涼, 姑臧潰, 牧犍降. 後被殺, 北涼亡.

【北涼亡】 이상 北涼은 沮渠蒙遜이 晉 安帝 隆安 5년 참칭한 이래 이때에 이르러 2世, 모두 34년이었다.(右北涼沮渠蒙遜, 自晉安帝隆安五年僭號, 至是二世, 合三十四年. ─원주)

551 최호崔浩를 주살하다

위魏나라에서 사도司徒 최호崔浩를 죽였다. 최호는 명원황제明元皇帝 때부터 이미 모신謀臣이었으며 하는 일마다 공이 있었다. 그는 도사 구겸지寇謙之를 믿고 위주魏主에게 신선을 숭봉崇奉할 것을 권하여 천사도량天師道場을 세우고 불법佛法을 가장 싫어하여 승려僧侶를 죽이고 불상佛像과 불서佛書를 파괴하였다.

위주가 최호에게 명하여 국사國史를 편찬토록 하자 최호는 선세의 일을 모두 자세히 사실대로 써서 돌에 새겨 이를 네거리에 세웠다. 그러자 북인北人이 크게 노하여 최호는 나라의 좋지 못한 사실을 들춰냈다고 참소하였다. 위제는 크게 노하여 마침내 사안을 살펴 최호를 주살誅殺하고 그 일족을 몰살하였다.

○ 魏殺其司徒崔浩. 浩自明元時, 已爲謀臣, 輒有功. 信道士 寇謙之, 勸魏主崇奉, 立天師道場, 而最惡佛法, 誅沙門, 毀佛像 佛書. 魏主命浩修國史, 書先世事皆詳實, 刊石立之衢路. 北人 忿恚, 譖浩暴揚國惡. 魏帝大怒, 遂案誅之, 夷其族.

【沙門】 승려를 가리킴. 袁宏은 "沙門이라 漢나라 때 말로 息의 뜻이다. 대체로 의식을 쉬고 욕심을 제거하여 無爲로 돌아감을 뜻한다."(袁宏曰: 沙門, 漢言息也. 蓋息意去欲, 而歸于無爲. ─원주)

552 송宋과 위魏의 싸움

(1) 백면서생白面書生과 모책을 짜시다니

남조의 송宋과 북조의 위魏나라는 해마다 서로 침벌하였다. 왕현모王玄謨가 송주宋主에게 군사를 크게 일으킬 것을 권하자 심경지沈慶之가 간하였다.

"논밭을 가는 일이라면 의당 하인에게 물어야 하며, 베 짜는 일이라면 계집종에게 물어야 합니다. 그런데 지금 적국을 치려 하심에 어찌 백면서생白面書生과 모책을 짜십니까?"

그러나 송나라는 끝내 왕현모를 파견하여 출전시켰다. 그는 확오성碻磝城을 취하고 나아가 활대滑臺를 포위하였다.

○ 宋魏連年互相侵伐, 王玄謨勸宋大擧, 沉慶之諫曰:「畊當問奴, 織當問婢.

今欲伐國, 奈何與白面書生謀之?」

宋竟遣玄謨出師, 取碻磝, 進圍滑臺.

【碻磝】濟州에 있는 城.
【滑臺】滑州, 河東에 속한다.

⑵ 황하가 얼면 철기로 짓밟으리라

이에 앞서 위주는 송이 하남河南을 취하였다는 말을 듣고 노하여 말하였다.

"내 태어나면서 아직 머리카락도 마르기도 전부터 이미 하남은 우리 땅이라 들어왔다. 지금은 아직 더우니 수비병을 거두어 북으로 돌아와 황하黃河의 물이 얼어붙기를 기다려 철기鐵騎로 짓밟아버리리라."

겨울이 되자 위주는 스스로 장수가 되어 황하를 건넜으며 군사를 백만이라 하였다. 북 소리는 천지를 진동하였다. 왕현모가 두려워서 달아나자 위군이 추격하였다. 왕현모는 패주하였고 위제魏帝는 군사를 이끌고 남하하여 곧바로 과보瓜步에 이르러 장강長江을 건너리라 큰 소리를 쳤다. 건강建康이 놀라 떨었고 백성들은 모두들 가산을 짊어지고 달아나려 서서 기다리고 있었다.

先是, 魏主聞宋取河南, 怒曰:「我生髮未燥, 已聞河南是我地. 今天時尚熱, 姑斂戍北歸, 俟河冰合, 以鐵騎踩之.」

至冬魏主自將渡河, 衆號百萬, 鞞鼓之聲震天地. 玄謨懼走, 魏人追擊, 玄謨敗走. 魏帝引兵南下, 直至瓜步, 聲言欲渡江. 建康震懼, 民皆荷擔而立.

【瓜步】眞州에 있는 산.

⑶ 만리장성을 허물다니

송주宋主는 석두성石頭城에 올라 북쪽을 바라보며 탄식 하였다.

"단도제檀道濟가 지금 살아 있다면 어찌 호마胡馬가 여기 까지 오겠는가?"

단도제는 전조前朝에서 공을 세웠으며 용병에 노숙 한 자였다. 그런데 이에 앞서 참소로 인해 잡혀 죽었다.

〈檀道濟〉《三才圖會》

그는 노하여 눈의 광채가 마치 횃불 같이 되어 두건을 벗어 땅에 내던지며 이렇게 말하였다.

"이에 너의 만리장성萬里長城을 파괴하고 있구나."

그가 이윽고 주살되고 나자 이를 들은 위인魏人이 기뻐 말하였다.

"건강 오 땅의 녀석들은 더 이상 꺼릴 것이 없다."

이때에 이르러 위군은 계속 몰아쳐 이를 막을 사람이 없었다.

송나라 사람 중에는 혹 왕현모王玄謨를 참수하고자 하였지만 심경지 沈慶之가 이를 만류하였다.

"불리佛狸, 위주의 위세는 천하에 떨쳐 활을 쏘는 군사가 백만이나 된다. 어찌 왕현모가 이를 대항할 수 있었겠는가? 우리 장군을 죽여 스스로 약해지는 것이 계책은 아니다."

宋主登石頭城, 北望歎曰:「檀道濟若在, 豈使胡馬至此?」
道濟立功前朝, 老於用兵. 先是以讒被收, 目光如炬.
脫幘投地曰:「乃壞汝萬里長城.」

旣誅, 魏人聞之喜曰:「吳子輩不足復憚.」

至是長驅, 無能禦者.

宋人或欲斬玄謨, 沈慶之止之曰:「佛狸威震天下, 控弦百萬. 豈玄謨所能當? 殺戰將以自弱, 非計也.」

【檀道濟】전의 司空이며 江州刺史였는데 劉湛이 참소하여 죽였음.
【萬里長城】檀道濟가 자신을 비유한 말.
【佛狸】魏帝의 別號이다.

(4) 원가元嘉의 정치는 쇠락하고

위군魏軍은 돌아갔으나 살인과 약탈은 헤아릴 수 없었다. 장정은 베어 끊어졌고 어린아이는 창끝에 꿰어 돌리며 놀았다. 위군이 지나간 곳은 모두 붉은 빛으로 변하였고, 봄이 되어 돌아온 제비는 숲 속 나무에 둥지를 틀 지경이었다.

송주宋主가 즉위하고 28년 동안 소강小康이라 불렸는데 이때에 이르러 전쟁을 치르고 난 후, 읍과 마을이 쓸쓸해졌고 원가元嘉의 정치는 쇠락하고 말았다.

魏師還, 殺掠不可勝計. 丁壯者斬截, 嬰兒貫槊上盤舞. 所過赤地, 春燕歸巢於林木. 自宋主卽位, 二十八年閒, 號爲小康, 至是兵革之後, 邑里蕭條, 元嘉之政衰矣.

【槊】 '矟'과 같으며 길이가 8척이 되는 창을 말함.(通俗文曰: 矛丈八尺曰矟. -원주)

【赤地】 남김없이 불 지르고 약탈함을 뜻함.(焚掠盡也. -원주)

【小康】 전쟁이 없이 그런 대로 약간 평안을 누리는 상태. 大同만은 못하나 전란은 아님을 뜻함.《禮記》禮運篇 참조.

553 위魏나라의 종애宗愛

　위北魏의 중상시中常侍 종애宗愛가 동궁東宮의 속관을 참소하여 많은
사람이 연좌되어 죽음을 당하였다. 태자 황晃이 이 일로 근심하다가
죽자 위주魏主는 추도하기를 그만두지 못하였다. 종애는 두려워 위주까지
죽였다. 위주는 뒤에 시호를 태무황제太武皇帝라 하고 묘호를 세조世祖라
하였다. 태자 황의 아들 준濬이 서서 종애를 토벌하여 죽였다.

　○ 魏中常侍宗愛, 譖東宮官屬, 多坐誅死. 太子晃以憂卒, 魏主
追悼不已. 愛懼弑主. 後諡曰太武皇帝, 廟號世祖. 晃之濬子立,
討愛誅之.

【東宮】태자가 거하는 궁을 동궁이라 함.(太子府曰東宮. ―원주)

554 원가元嘉 시대

송宋 태자 소劭가 무당을 이용하여 황제를 저주하여 죽이려다가 발각
되었다. 송주宋主가 태자 소를 폐하려 하자 소는 황제를 죽이고 자립하였다.
송주는 재위 30년에 연호를 고쳐 원가元嘉라 하였다. 무릉왕武陵王이
군사를 일으켜 소를 주살하고 왕위에 올랐다. 이가 세조世祖 효무황제
孝武皇帝이다.

○ 宋太子劭, 巫蠱呪詛, 事覺. 宋主擬廢之, 劭弑主而自立.
主在位三十年, 改元者一: 曰元嘉. 武陵王擧兵誅劭, 王立,
是爲世祖孝武皇帝.

【呪詛】《通鑑》에 "처음 劭는 過失이 많아 자주 임금으로부터 詰責을 받았다.
이에 드디어 吳興의 巫 嚴道育와 함께 巫蠱를 일으켜 玉으로 임금의 形像을
조각하여 이를 含章殿 앞에 묻었다. 陳慶이 이에 이를 임금에게 알리자 임금이
놀라 소를 잡아들여 저주하는 巫蠱의 글을 찾아내었다"라 하였다.(通鑑: 初劭多
過失, 數爲上所詰責. 遂與吳興巫嚴道育, 共爲巫蠱, 琢玉爲上形像, 埋於含章殿前,
陳慶乃具以白上, 上驚卽收劭, 得劭呪詛巫蠱之書. −원주)

4. 孝武皇帝

555 효무황제 孝武皇帝

효무황제孝武皇帝는 이름이 준劉駿으로 제위에 오른 지 12년에 죽었다.
(464년) 연호를 두 번 고쳐 효건孝建, 대명大明이라 하였다. 태자가 섰다.
이가 폐제廢帝이다.

孝武皇帝:
名駿, 卽位十二年殂. 改元者二: 曰孝建·曰大明.
太子立, 是爲廢帝.

【駿】 文帝의 둘째 아들.
【孝建】 즉위 2년에 연호를 고침.

5. 廢帝

⊛ 前廢帝. 南朝 宋의 제5대 황제.
劉子業. 465년 재위.

556 폐제廢帝

폐제는 이름이 자업劉子業이었으며 즉위하여(465년) 아버지의 상중喪中
임에도 거만을 부리고 게으름을 피워, 슬퍼하는 기색이 없었다. 선주
先主 효무황제는 형제들을 꺼리고 미워하여 많은 사람을 죽였는데 이에
이르러 더욱 심하였다.

廢帝:
名子業, 卽位居喪, 傲傲惰無戚容. 孝武疎忌骨肉, 多誅殺,
至是尤甚.

557 위魏나라의 안정

위제魏帝 준濬이 죽어 시호를 문성황제文成皇帝라 하고 묘호를 고종高宗
이라 하였다. 처음 태무제太武帝가 사방을 정벌하여 그 때문에 국가
재정이 자못 비고 소모되었다. 문성황제가 뒤를 이어 진정시키고 안팎을
품고 모아들여 인심이 다시 안녕을 얻었다. 그 아들 홍拓跋弘이 섰다.
(466년)

○ 魏帝濬徂, 謚曰文成皇帝, 廟號高宗. 初太武經營四方, 國頗
虛耗, 文成嗣以鎭靜, 懷集中外, 人心復安. 子弘立.

558 폭군 폐제廢帝

송주宋主는 여러 숙부 상동왕湘東王 등을 두려워하고 꺼려 대궐 안에 가두어 놓고는 매질하고 끌고 다녀 사람의 도리를 하지 않고, 방자함이 인간의 도리가 아니어서 안팎이 소란하였다. 송나라 사람이 이를 죽이고 말았다. 재위 2년에 연호를 경화景和라 하였다. 상동왕이 섰다. 이가 태종太宗 명황제明皇帝이다.(465년)

○ 宋主畏忌諸父湘東王等, 幽於殿內捶曳, 無復人理, 恣爲不道, 中外騷然, 宋人弑之. 在位二年, 改元者一: 曰景和. 湘東王立, 是爲太宗明皇帝.

【景和】 즉위 2년에 연호를 고침.

6. 明皇帝

◉ 明帝. 南朝 宋의 제6대 황제.
劉彧. 465년~472년 재위.

559 명황제明皇帝

명황제는 이름이 욱劉彧이었으며 재위 8년으로 죽었다. 연호를 고쳐 태시泰始라 하였다. 황제의 즉위 초부터 소도성蕭道成이 군사를 거느리고 정벌과 토벌에 공을 세웠다.

얼마 후 회음淮陰을 진수하면서 호걸 준사들을 불러 길러 빈객이 비로소 흥성하게 되었다. 이윽고 남쪽의 연주兗州 자사가 되었다.

이때에 이르러 저연褚淵이 그를 추천하여 우위장군右衛將軍이 되어 고명대신顧命大臣들과 함께 정치 기밀의 일을 관장하게 되었다. 태자가 섰다.(473년) 이가 후폐제後廢帝이다.

明皇帝:

名彧, 卽位八年殂, 改元者一: 曰泰始. 自帝之初, 蕭道成將兵, 征討有功. 尋鎭淮陰, 收養豪俊, 賓客始盛. 已而爲南兗州刺史. 至是褚淵薦爲右衛將軍, 與顧命大臣, 共掌機事.

太子立, 是爲後廢帝.

【劉彧】 文帝의 11번째 아들.

【南兗州】 宋나라가 揚州의 廣陵 지명을 南兗州라 고쳤음.

【後廢帝】《通鑑》에는 '蒼梧王'이라 칭하였음.

7. 後廢帝

🏵 後廢帝蒼梧王. 南朝 宋의 제7대 황제.
劉昱. 473년~477년 재위.

560 후폐제 後廢帝

후폐제는 이름이 욱劉昱이다. 명제明帝는 아들이 없었고 욱은 사실
폐인嬖人 이도아李道兒의 아들로써 명제가 아들로 삼은 자이다. 명제는
아우 여러 왕 15, 6명이나 죽이면서 오직 욱이 황제가 되지 못할 것을
두려워하였다. 욱이 열 살에 즉위하자 계양왕桂陽王 휴범休範이 군사를
일으켜 반기를 들고 건강建康을 공격하였다. 소도성蕭道成이 나서서
공격하여 참수하여 소도성은 중령군中領軍이 되었다.

後廢帝:

名昱. 明帝無子, 昱實嬖人李道兒之子也, 明帝子之. 殺諸王
十五六人, 惟恐昱之不立. 十歲卽位, 桂陽王休範擧兵反, 攻建康.
蕭道成擊斬之, 道成爲中領軍.

〈獵兎圖〉 甘肅 嘉峪關 魏晉墓 출토

【休範】《通鑒》에 "임금이 병이 들자 태자(彧)가 幼弱하여 왕으로 오르지 못할까 하여 왕은 여러 아우들을 매우 시기하였다. 이리하여 休祐, 休仁, 休若 등은 죽음을 당하여 모두 멸진되고 말았으나 오직 休範만은 열등하여 시기를 받지 않아 온전할 수 있었다"라 하였다.(通鑒: 初上寢疾, 以太子幼弱深忌諸弟, 休祐休仁休若等皆賜死. 諸弟俱盡, 惟休範以人才凡劣, 不爲所忌得全. −원주)
【佳陽】連州에 세웠던 봉후국.

561 위魏나라 헌문제獻文帝와 송나라 후폐제後廢帝

(1) 신선이 되고자 한 황제

이에 앞서 위北魏의 헌문제獻文帝 홍弘이 태자 굉宏에게 제위를 물려주고 자신은 태상황제太上皇帝라 칭하였었으나 굉이 아직 어려 만기萬機의 정사는 여전히 자신이 총괄하였다. 태상황제는 총명하고 예지가 있었으며 숙성하고 강의하여 결단력이 있었으나 황로黃老와 부도浮屠의 학문을 좋아하였다. 그러므로 그는 항상 세상을 버리고 신선이 되고자 하는 뜻을 가지고 있었다. 그의 어머니 풍태후馮太后가 총애하는 이혁李奕이 태상황제에게 주살 당하자 풍태후는 노하여 마침내 태상황제를 죽이고 칭제稱制하였다.

○ 先是, 魏獻文帝弘, 傳位於太子宏, 自稱太上皇帝. 以宏幼, 仍總萬機. 太上聰睿夙成, 剛毅有斷, 而好黃老浮屠之學. 故常有遺世之意, 其母馮太后有所幸李奕, 爲太土所誅. 馮太后怒, 遂弑之而稱制.

【浮屠】 袁宏의 《漢記》에 "浮屠曰佛也"라 하여 佛陀, 佛敎를 뜻함.

⑵ 송주宋主를 폐위하다

송주宋主, 劉昱은 교만방자하여 사람을 죽이기를 좋아하였다. 안팎이 근심하고 무서워하자 소도성은 원찬袁粲과 저연褚淵과 황제의 폐립廢立을 의논하였다. 원찬은 반대하였으나 저연은 찬성하여 드디어 욱을 시살하였다. 황제는 재위 6년, 연호를 고쳐 원휘元徽라 하였다. 안성왕安成王이셨다. 이가 순황제順皇帝이다. (477년)

宋主驕恣嗜殺, 中外憂惶, 蕭道成與袁粲褚淵謀廢立. 粲不可, 淵贊之, 遂弑之. 在位六年, 改元者一, 曰元徽. 安成王立, 是爲順皇帝.

【元徽】 즉위 2년에 연호를 바꾸었다.

8. 順皇帝

● 順帝. 南朝 宋의 제8대 황제.
劉準. 477년~479년 재위.

562 순황제順皇帝

순황제는 이름이 준劉準이었으며 계양왕桂陽王 휴범休範의 아들이다.
명제가 이를 아들로 삼았으며 이때에 이르러 즉위한 것이다.(477년)

順皇帝:

名準, 桂陽王休範子也. 明帝子之, 至是卽位.

563 남조 송宋의 멸망

송宋의 원찬袁粲이 소도성蕭道成을 죽이려고 모의했는데, 저연褚淵이 그 모의를 소도성에게 고하여 원찬 부자가 함께 석두성石頭城에서 피살되었다. 백성들이 불쌍히 여겨 이렇게 말하였다.

"불쌍하다, 석두성이여. 차라리 원찬처럼 나라를 위해 죽을지언정 저연처럼 살지는 않으리라."

심유지沈攸之도 역시 강릉江陵에서 군사를 일으켜 소도성을 쳤으나 군사가 궤멸하여 달아나서 목매어 죽었다.

소도성은 상국相國과 제공齊公이 되어 구석九錫을 하사받고 이윽고 지위가 올라 왕이 되었다. 송주宋主 순황제順皇帝는 재위 3년, 연호를 고쳐 승명昇明이라 하였다. 제왕齊王에게 선위禪位하면서 순황제는 울고 손가락을 두드리며 이렇게 말하였다.

"원컨대 뒷세상 어느 때라도 다시는 천자의 집에 태어나지 말도록 해주소서."

제齊는 황제를 시살하고 그 일족을 멸망시켰다.(479년)

송은 고조高祖로부터 이에 이르기까지 8세, 59년 만에 망하였다.

○ 宋袁粲謀誅蕭道成, 褚淵以其謀告道成.

粲父子俱被殺於石頭城. 百姓哀之曰:「可憐石頭城, 寧爲袁粲死, 不作褚淵生.」

沈攸之亦擧兵江陵, 討道成, 軍潰走而縊死. 道成爲相國齊公, 加九錫. 已而進爵爲王. 宋主在位三年, 改元者一, 曰昇明. 禪于齊, 泣而彈指曰:「願後身世世, 勿復生天王家.」

齊弒之而滅其族.

自宋高祖, 至是八世, 凡五十九年而亡.

● 이상 劉宋에 대하여 司馬光의 史評은 다음과 같다.

司馬溫公曰:「晉氏渡江以來, 君弱臣强, 禍亂相繼. 至于元興, 而桓氏篡位. 高祖首唱大義, 起於草萊之閒, 奮臂一呼, 凶黨瓦解. 遂奉迎乘輿, 再興王室, 厥功已不細矣. 既而治兵誓衆, 經營四方, 揚旗東征, 廣固橫潰, 卷甲南趨, 盧循殄滅, 偏師西上, 譙縱授首, 銳卒北驅, 姚泓面縛, 汎掃伊洛, 修奉園陵, 震驚旄裘之心, 發舒華夏之氣. 南國之盛, 未有過於斯時者也. 然區宇未一, 躋於天位, 委棄秦雍, 以資寇敵, 大功不成, 惜哉! 文帝勤於爲治, 子惠庶民, 足爲承平之良主, 而不量力, 橫挑强胡, 使師徒殲於河南, 代馬飮於江津. 及其末路, 狐擬未決, 卒成于禍, 豈非文有餘, 而武不足邪? 夫以孝武之驕淫, 明帝之猜忌, 得保首領以沒于牖下幸矣! 其何後嗣之有?」

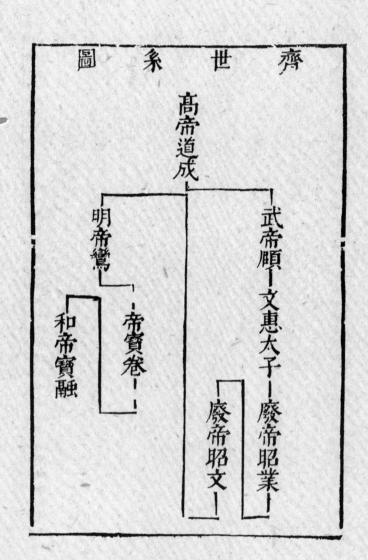

〈南朝齊世系圖〉《三才圖會》

(나) 齊

1. 太祖高皇帝

⊛ 高祖. 南朝 齊의 첫 황제.
蕭道成. 479년~482년 재위.

564 태조고황제 太祖高皇帝

제齊 태조고황제太祖高皇帝는 성이 소蕭
이며 이름은 도성道成이다. 난릉蘭陵 사람
이다.

전하기로는 한漢나라 상국相國 소하蕭何
의 후손이라 한다. 침착하고 도량이 넓으며
학문이 많고 문장에 능하였다. 좌우 어깨
의 붉은 점이 마치 해와 달의 형상이었다.

송나라 때 오랫동안 군중에 있었는데
민간에서는 혹 그에게는 특이한 상相이
있다고 하였다. 송나라에서는 이를 의심
하였지만 죽이지는 못하였다. 마침내 송
에 이어 황제가 되었다. 그는 성격이 청검
하여 항상 이렇게 말하였다.

〈제 고조〉《三才圖會》

"나에게 천하를 10년 동안만 다스리게 한다면 황금을 흙과 같은
값으로 하리라."

고황제는 재위 4년에 죽었다.(482년) 연호를 고쳐 건원建元이라 하였다.
태자가 섰다. 이가 세조무황제世祖武皇帝이다.

齊太祖高皇帝: 姓蕭氏, 名道成, 蘭陵人也. 相傳爲漢相國何
之後. 深沈有大量, 博學能文. 肩有赤誌, 如日月狀. 宋時在軍中久,
民間或言其有異相.

宋疑之, 而不能殺也. 竟代宋.

性淸儉, 每曰:「使我治天下十年, 當使黃金同土價.」

在位四年殂, 改元者一, 曰建元. 太子立, 是爲世祖武皇帝.

【齊】《世紀》에 의하면 蕭何가 則을 낳고, 則이 彪를, 彪가 章을, 章이 仰을,
仰이 皓를, 皓가 望之를, 望之가 育을, 育이 紹를, 紹가 閑을, 閑이 闡을, 闡이
冰을, 冰이 苞를, 苞가 周를, 周가 蟜를, 蟜가 逵를, 逵가 休를, 休가 豹를,
豹가 裔를, 裔가 整을, 整이 儁을, 儁이 樂子를, 樂子가 承之를, 承之가 道成을
낳았다고 함.(世紀: 何生則, 則生彪, 彪生章, 章生仰, 仰生皓, 皓生望之, 望之生育,
育生紹, 紹生閑, 閑生闡, 闡生冰, 冰生苞, 苞生周, 周生蟜, 蟜生逵, 逵生休, 休生豹,
豹生裔, 裔生整, 整生儁, 儁生樂子, 樂子生承之, 承之生道成. -원주)
【赤誌】반점. 점.

2. 武皇帝

● 武帝. 南朝 齊의 제2대 황제.
蕭賾. 483년~493년 재위.

565 무황제武皇帝

무황제는 이름이 색蕭賾이었으며 재위 11년 만에 죽었다.(493년) 연호를
고쳐 영명永明이라 하였다. 태자 장무長懋가 이미 죽어 태손太孫이 섰다.
이가 폐제廢帝 울림왕鬱林王이다.(494년)

武皇帝:

名賾, 卽位十一年殂. 改元者一: 曰永明. 太子長懋已卒, 太孫立.
是爲廢帝鬱林王.

【鬱林】廣西에 속하며 지금의 郁林州.

3. 廢帝鬱林王

566 폐제울림왕廢帝鬱林王

폐제廢帝 울림왕鬱林王은 이름이 소업蕭昭業이었으며 재위는 1년이었다.
연호를 융창隆昌으로 고쳤다. 서창후西昌侯 난鸞이 그를 시살하여 신안왕
新安王이 섰다. 이가 폐제廢帝 해릉왕海陵王이다.(494년)

廢帝鬱林王:
名昭業, 卽位一年, 改元曰隆昌. 西昌侯鸞弒之, 新安王立,
是爲廢帝海陵王.

【新安】 郡 이름으로 江東에 속하며 지금의 徽州府.
【海陵】 郡 이름으로 淮東에 속하며 지금의 恭州.

4. 廢帝海陵王

> ⊛ 廢帝海陵王. 南朝 齊의 제4대 황제.
> 蕭昭文. 494년 재위.

567 폐제해릉왕廢帝海陵王

폐제廢帝 해릉왕海陵王은 이름이 소문蕭昭文이었으며 난鸞에 의해 제위에 올랐다. 연호를 고쳐 연흥延興이라 하였다. 난은 스스로 선성왕宣城王이 되었다. 황제는 즉위한 지 녁 달도 되지 않아 폐위되어 시살당하였다. (494년) 선성왕이 자립하였다. 이가 고종高宗 명황제明皇帝이다.

廢帝海陵王:
　名昭文, 爲鸞所立. 改元延興. 鸞自爲宣城王. 帝卽位未四月, 廢而弑之. 宣城王自立, 是爲高宗明皇帝.

【昭文】鬱林王의 아우.
【宣城】郡 이름. 南陵.

5. 明皇帝

> ⊛ 明帝. 南朝 齊의 제5대 황제.
> 蕭鸞. 494년~498년 재위.

568 명황제明皇帝

명황제는 이름이 난蕭鸞으로 고제高帝의 형의 아들이었다. 고제가 자신의 아들보다 더 사랑하자 무제武帝의 태자 장무長懋가 난을 가장 미워하였다. 난은 제위에 올라 뜻을 이루자 고제와 무제의 자손을 남김없이 죽여버렸다.

재위 5년에 죽었다.(498년) 연호를 두 번 고쳐 건무建武, 영태永泰라 하였다. 태자가 섰다. 이가 폐제廢帝 동혼후東昏侯이다.

明皇帝:

名鸞, 高帝之兄子也. 高帝愛之過於己子, 而武帝之太子長懋最惡之. 及得志, 殺高武子孫無遺類.

卽位五年, 殂. 改元者二: 曰建武·永泰.

太子立, 是爲廢帝東昏侯.

【兄】蕭始로 安貞王이었음.
【高武】高帝와 武帝.

6. 廢帝東昏侯

569 폐제동혼후廢帝東昏侯

폐제廢帝 동혼후東昏侯는 이름이 보권蕭寶卷이었다. 동궁에 있을 때부터
배움을 싫어하고 놀이에만 빠져 한도가 없었다. 즉위하고 나서도 조정의
선비들은 접견하지 않고 오직 폐행嬖倖만을 믿고 가까이 하였으며 자주
대신을 죽였다.

廢帝東昏侯:

名寶卷. 自在東宮, 不好學, 嬉戲無度. 旣卽位, 不接朝士,
惟親信嬖倖, 屢誅大臣.

570 위魏나라가 성씨를 원씨元氏로 바꾸다

위北魏의 임금 굉拓跋宏, 元宏이 죽었다.(499년) 재위 27년이었다. 그는 인효仁孝하고 공검恭儉하여 예법禮法을 정하고 음악音樂을 일으키는 등 울연히 태평의 풍기가 있었다. 호복胡服과 호어胡語를 금하고 성을 원씨元氏로 바꾸었으며 도읍을 낙양洛陽으로 옮겼다. 이처럼 위나라에서 가장 성덕이 있는 임금이었다. 시호를 효문황제孝文皇帝라 하고 묘호廟號를 고조高祖라 하였다. 태자 격元恪이 섰다.(500년)

○ 魏主宏殂. 在位二十七年. 仁孝恭儉, 制禮作樂, 蔚然有太平之風. 禁胡服胡語, 改姓元氏, 遷都洛陽. 爲魏盛德之主, 諡曰孝文皇帝, 廟號高祖. 太子恪立.

【七】'八'이어야 함.(當作八. −원주)
【元氏】조서를 내려 "魏나라는 黃帝에게서 나왔으며 土德으로 왕이 되었다. 무릇 土는 黃이며 중앙의 색으로 萬物의 元이니 의당 성을 원씨로 바꾼다"라 함. (詔曰: 魏之先出於黃帝, 以土德王. 夫土者黃中之色, 萬物之元也, 宜改姓元氏. −원주)

571 반비潘妃와 어리석은 황제

(1) 걸음마다 연꽃이 피어나는구나

제주齊主는 어리석고 음란하고 광자狂恣하였으며, 그가 총애하는 바는 반비潘妃였는데 황금으로 연꽃을 만들어 땅에 붙여 반비로 하여금 그 위를 걷게 하고는 이렇게 말하였다.

"걸음마다 연꽃을 피워내는구나."

좌우가 정치를 마음대로 하여 적해와 학대가 날로 심해졌다.

태위太尉 진현달陳顯達이 먼저 거병하여 건강建康을 공격하였으나 패하여 죽었다. 장군 최혜경崔慧景이 명을 받고 여러 주州를 토벌하러 나섰으나 돌아오면서 자신도 배반하여 건강을 압박하였다.

○ 齊主昏淫狂恣, 所幸潘妃, 以金爲蓮花, 帖地上.

使步之, 曰:「此步步生蓮花也.」

左右用事, 賊虐日甚. 太尉陳顯達, 先擧兵襲建康, 敗死. 將軍 崔慧景, 受命出討叛州, 還兵逼建康.

【帖】'貼'과 같음.

(2) 남강왕南康王이 먼저 자립하였다

당시 남예주南豫州 자사 소의蕭懿가 군사를 이끌고 건강 가까이 와 있었다. 제주齊主는 급히 그를 불러 건강을 돕도록 하였다. 그리하여 혜경도 패하여 죽었다. 이에 소의를 상서尚書로 삼았다.

소의의 아우 남옹주南雍州 자사 소연蕭衍이 사자를 형에게 보내어 이윤伊尹과 곽광霍光의 고사故事를 본받아야 하며 그렇게 하지 않을 경우 급히 역양歷陽으로 돌아가라고 권하였다.

소의는 아우의 의견을 듣지 않았다가 마침내 죽음을 받고 말았다.

소연은 양양襄陽에서 거병하여 이들을 이끌고 동쪽으로 향해 건강을 포위하였다. 그러자 제나라 사람들이 군주를 시살하고 소연을 맞아들였다.

제주齊主는 재위 3년, 연호를 고쳐 영원永元이라 하였다. 그런데 당시 남강왕南康王이 먼저 자립하였다. 이가 화황제和皇帝이다.(501년)

時南豫州刺史蕭懿, 將兵在近, 齊主急召入援, 慧景敗死. 以懿爲尚書. 懿弟南雍州刺史衍, 使人勸懿行伊霍故事, 不爾亟還歷陽. 懿不能用, 竟賜死.

衍起兵襄陽, 引而東圍建康, 齊人弒主而迎衍. 主在位三年, 改元者一, 曰永元. 時南康王先已自立, 是爲和皇帝.

【南豫州】齊나라는 歷陽을 南豫州로 지명을 고쳤음.
【南康】江西의 南康府.

7. 和皇帝

● 和帝. 南朝 齊의 제7대 황제.
蕭寶融. 501년~502년 재위.

572 화황제和皇帝

화황제는 이름이 보융蕭寶融이었다. 동혼후東昏侯 말년에 보융은 강릉江陵에서 군사를 일으켰다가 얼마 후 황제를 일컫고 연호를 중흥中興이라 고쳤다. 그러나 미처 동쪽 건강으로 돌아오기 전에 제나라 태후太后가 칭제稱制하여 소연蕭衍을 상국相國으로 삼아 양왕梁王에 봉하고 구석九錫을 얹어주었다가 얼마 후 작위를 올려 왕으로 삼고 말았다.

제주齊主 화황제는 고숙姑孰에 이르러 조서를 내려 양왕소연에게 양위하고 말았다.(502년) 즉위하고 겨우 1년 만에 시살당한 것이었다. 제齊는 고제高帝로부터 이에 이르기까지 7대 무릇 23년 만에 망하였다.

和皇帝:

名寶融. 東昏末, 寶融起兵於江陵, 已而稱帝, 改元曰中興. 未及東歸, 齊太后稱制, 以蕭衍爲相國, 封梁公, 加九錫, 尋進爵 爲王. 齊主至姑孰, 詔禪于梁. 卽位僅一年, 被弑.

齊自高帝至是七世, 凡二十三年而亡.

【寶融】明帝의 여덟째 아들.
【一年】永元 3년 3월에 즉위하여 연호를 고쳤으며 다음해 4월 제위를 선양하였다. (永元三年三月, 卽位改元, 次年四月禪位. ─원주)

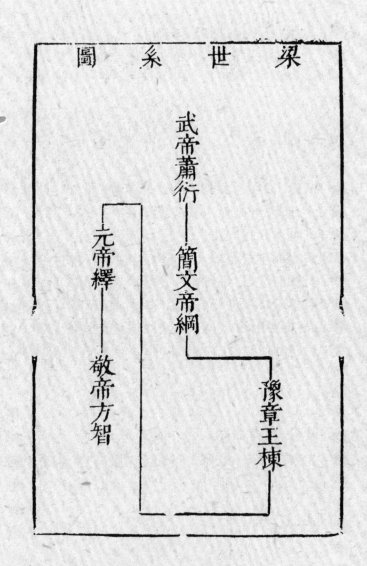

〈南朝梁世系圖〉《三才圖會》

(다) 梁

1. 高祖武皇帝

> 🌀 梁武帝. 南朝 梁의 첫 황제.
> 蕭衍. 502년~549년 재위.

573 고조무황제高祖武皇帝

양梁나라 고조무황제高祖武皇帝는 성은
소蕭씨이며 이름은 연衍으로 제齊나라의
먼 친척이다. 어머니 장씨張氏가 창포菖蒲
꽃이 피어 있고 곁에 사람이 보이지 않는
것을 보고 이를 삼켰다가 이윽고 소연을
낳았다.

소연은 영달하였으며 문학을 좋아하
였다. 동혼후東昏侯 초에 양양襄陽을 진수
하면서 제나라가 장차 어지러워질 것을
알았다. 이에 몰래 군비를 갖추고, 용사를
모았는데 수만 명을 헤아려 셀 정도였다.

재목을 베어 단계檀溪의 물에 담가 두고
갈대를 마치 산처럼 쌓았다. 형 소의蕭懿가

〈제 고조〉《三才圖會》

죽고 나자 소연은 장군의 깃발을 세우고 무리를 모아 단계에 담가

두었던 나무로 배를 만들고, 베어 두었던 갈대로 지붕을 이었다. 모든 준비가 곧바로 이루어졌다. 기병한 지 1년 남짓 드디어 건강建康으로 들어가 제齊나라로부터 선양을 받아 즉위하게 된 것이다.(502년)

梁高祖武皇帝:

姓蕭氏, 名衍, 齊之疎族也. 母張氏, 見菖蒲生花, 旁人皆不見.
吞之, 已而生衍. 英達有文學. 東昏初, 衍鎭襄陽, 知齊將亂.
乃密修武備, 聚驍勇以萬數. 伐材沈檀溪, 積茆, 如岡阜. 兄懿死.
衍建牙集衆, 出檀溪竹木裝艦, 葺之以茆, 事皆立辦, 兵起一年餘,
遂入建康, 受禪卽帝位.

【梁】《世紀》에 의하면 "梁나라는 齊나라와 함께 蕭何의 20孫 蕭整에서 나왔으며
  蕭整이 鋚를 낳고 鋚이 嗣子를, 嗣子가 道賜를, 道賜가 順之를, 順之가 蕭衍을
  낳았다"라 하였음.(案世紀: 梁與齊同出蕭何二十世孫整, 整生鋚, 鋚生嗣子, 嗣子
  生道賜, 道賜生順之, 順之生衍. ―원주)
【檀溪】襄陽城 서쪽에 있음.
【岡阜】山의 능선을 岡이라 하며 산의 흙을 阜라 함.(山脊曰岡, 土山曰阜. ―원주)
【葺】補修함.

574 북위北魏의 혼란

(1) 호후胡后가 칭제하다

위주魏主 격각恪이 죽었다.(515년) 시호를 선무황제宣武皇帝라 하고 묘호를 세종世宗이라 하였다. 아들 후詡가 섰는데 겨우 여섯 살이었다. 그의 어머니 호씨胡氏가 칭제하였다. 위주魏主가 자람에 따라 말을 타고 돌아다니기를 좋아하며 직접 조정을 살피려 하지 않았고 호후胡后도 음탕하여 위나라 정치는 어지러워지기 시작하였다.

○ 魏主恪徂, 諡曰宣武皇帝, 廟號世宗. 子詡立, 甫六歲. 母胡氏稱制, 及魏主旣長, 好遊騁, 不親視朝, 而胡后方淫亂, 魏政始亂.

【甫】 겨우(方)의 뜻.

(2) 장이張彝 부자의 집을 불 지르다

장군 장이張彝의 아들 중우仲瑀가 무인武人을 배척하고 억압하려 몰래 글을 올려, 무인들의 욕하고 떠드는 소리가 길에 가득 찼다. 그들은 나무 패를 큰 골목에 세워놓고 때를 정하여 모여서 그 집안을 도륙하자고 하였다. 장이의 부자는 이를 마음에 두지 않았지만, 이때에 이르러 우림호분羽林虎賁의 군사 천여 명이 상서성尙書省으로 몰려들어 욕을 하며 기왓장과 돌로 상서성의 문을 부수었다. 상하가 모두 겁을 먹고 감히 이를 금지하거나 토벌하는 자가 없었다. 군사들은 마침내 장이의 집으로 가 그 집을 불사르고 장이의 부자를 끌고 나와 매질하여 불속에 던져 넣었다.

중우는 크게 중상을 입고 도망쳐 면하였으나 장이는 죽고 말았다.

이에 원근이 두려워 떨었다. 호후胡后는 그 중 가장 흉악한 여덟 명을 잡아 참수하고 그 나머지는 더 이상 다스리지 않고 크게 사면하여 백성을 안정시켰다.

將軍張彝之子仲瑀, 上封事排抑武人, 喧謗盈路. 立榜大巷, 剋期會集屠其家. 彝父子不以爲意. 至是羽林虎賁近千人, 相率至尚書省. 詬罵以瓦石擊省門.

上下懾懼, 不敢禁討. 遂至彝第焚其舍, 曳彝父子, 毆擊投火中. 仲瑀重傷走免, 彝死. 遠近震駭. 胡后收其凶强八人斬之, 餘不復治, 大赦以安之.

【虎賁】원래 짐승 이름. 그 '호분'이라는 짐승처럼 용맹함을 뜻함.(若虎賁獸, 言其勇也. —원주)
【詬】'怒'와 같음.

(3) 고환高歡의 탄식

이 때 회삭진懷朔鎭에서 공문을 가지고 왔던 고환高歡이 낙양에 이르러 장이가 피살되는 것을 보고 집에 돌아가서 재물을 기울여 빈객들과 교제하였다. 어떤 사람이 이를 묻자 고환은 이렇게 말하였다.

"숙위병이 서로 무리 지어 대신의 저택에 불을 질러도 조정은 두려워 묻지도 않고 있소. 정치가 이와 같으니 일이 어찌될 것인가는 가히 알 수 있소. 재물이 어찌 항상 지킬 수 있는 것이겠소?"

고환은 선세의 죄에 걸려 북쪽 변방으로 옮겨가 있었으므로 선비鮮卑의 풍속에 익숙해 있었다. 그는 침착하고 생각이 깊어 큰 뜻을 품고 후경侯景 등과 친히 사귀었으며 임협任俠이 있어 향리에서 영웅 취급을 받고 있었다.

懷朔鎭函使高歡, 至洛陽, 見張彝之死, 還家傾貲以結客.

或問其故, 歡曰:「宿衛相率焚大臣之第, 朝廷懼而不問. 爲政如此, 事可知矣. 財物豈可常守邪?」

歡自先世坐法徙北邊, 遂習鮮卑之俗. 沉深有大志, 與候景等相友善, 以任俠雄鄕里.

【懷朔鎭】朔州. 魏나라 때 懷朔鎭이라 하였다가 바로 朔州로 고쳤으며 다시 雲州로 이름을 바꿈. 山西에 속함.(魏曰懷朔鎭, 尋改爲朔州, 又更爲雲州. 屬山西. −원주)

【高歡】처음 高歡의 선조 高謐이 법에 걸려 懷朔鎭으로 좌천되어 대대로 그 북쪽 변방에 살았으며 高歡이 婁氏에게 장가들어 馬給鎭에서 드디어 函使가 되었음.(初歡之祖謐, 坐法徙懷朔鎭, 世居北邊. 歡娶婁氏, 有馬給鎭遂爲函使. −원주)

575 동위東魏와 서위西魏

(1) 모자 사이가 멀어지다

위魏의 호태후胡太后가 임조한 이래로 총신들이 나라 일을 멋대로 하여 정치가 해이해지고 도적이 봉기하여 영토가 날로 줄어들었다. 위주魏主 후후詡가 점점 자라자 호태후는 자신의 근실하지 못함을 알고 이를 가리기에 힘썼으며 이로써 모자간에 혐의와 틈이 날로 벌어지기 시작하였다.

육주六州의 대도독大都督이며 수용부秀容部 추장 이주영爾朱榮의 병력이 강하였다. 고환은 이주영을 찾아가 만나 거병하여 황제의 측근들을 깨끗이 해줄 것을 권하였다. 그런데 마침 위주가 죽었는데 호태후가 독살한 것이었다. 뒤에 시호를 효명황제孝明皇帝라 하였다.(528년)

○ 魏胡太后臨朝以來, 嬖倖用事, 政事縱弛. 盜賊蜂起, 封疆日蹙. 魏主詡寢長, 太后自知所爲不謹, 務爲壅蔽, 母子嫌隙日深.

時六州大都督秀容酋長爾朱榮兵强, 高歡見榮, 卽勸擧兵, 清帝側. 會魏主殂, 胡太后鴆之也. 後諡曰孝明皇帝.

【爾朱榮】爾朱는 성이며 榮은 이름. 당시 幷州, 肆州, 盆州, 廣州, 恒州, 雲州 등 여섯 주의 도독이었으며 秀容部의 우두머리였음. 秀容縣은 忻州에 속함.

(2) 수용부秀容部 추장 이주영爾朱榮

　이주영은 거병하여 효문황제孝明皇帝의 조카 장락왕長樂王 자유子攸를 세우고 호후를 하수에 처넣었다. 이주영은 태원왕太原王에 봉해져 진양晉陽으로 돌아갔다. 그러자 북해왕北海王 호顥가 양梁으로 달아나자 양나라에서는 그를 세워 대장陳慶之으로 하여금 낙양으로 보내어 들게 하였다.
　자유가 나와서 달아나자 이주영은 군사를 이끌고 하수를 건너 자유를 구원하고 호顥를 공격하였다. 호는 패주하여 죽고 자유는 돌아와 이주영에게 천주대장군天柱大將軍을 얹어주었다. 그러나 이주영에게 반역할 뜻이 키워지고 있었다. 이에 위주는 몰래 이주영을 주살하려고 하였다. 이주영이 궁궐로 들어오자 위주는 손으로 직접 이주영을 찔러 죽였다.
　이주세륭爾朱世隆과 이주조爾朱兆가 함께 종실의 장광왕長廣王 엽曄을 세워 낙양으로 쳐들어갔다. 위주 자유는 시해당하고 말았다. 뒤에 시호를 효장황제孝莊皇帝라 하였다.(529년)

　爾朱榮擧兵, 立孝文之姪長樂王子攸, 沈胡后于河. 封榮太原王, 還晉陽, 北海王顥奔梁, 梁立之, 遣將送入洛陽. 子攸出奔, 爾朱榮渡河來救. 顥走死, 子攸歸, 加榮天柱大將軍. 榮蓄不臣之志, 魏主陰謀誅榮, 榮入, 手刺之.
　爾朱世隆與爾朱兆, 立宗室長廣王曄, 入洛陽. 子攸遇弒, 後謚曰孝莊皇帝.

【子攸】彭城王 爾朱勰의 아들.
【顥】魏宗室의 아들.
【手刺】魏帝가 직접 손으로 爾朱榮을 찔러 죽였음.
【爾朱兆】爾朱榮의 아우.

(3) 절민황제節閔皇帝

이주세륭은 다시 엽曄이 혈통이 너무 멀다고 여겨 폐위시키고 효문제
孝文帝의 조카 광릉왕廣陵王 공恭을 세웠다. 그러자 고환高歡이 거병하여
이주씨爾朱氏를 주살하고 낙양으로 들어가 공을 폐하고 효문제의 손자
평양왕平陽王 수脩를 세웠으며 수는 공을 죽이고 말았다.(531년) 공은
시호를 절민황제節閔皇帝라 하였다.

　世隆又以曄疎遠廢之, 立孝文之姪廣陵王恭.
　高歡起兵誅爾朱氏, 入洛陽, 廢恭而立孝文之孫平陽王脩,
脩弑恭, 後諡曰節閔皇帝.

【曄】太武의 玄孫.
【恭】廣陵王 脩의 아들.
【脩】廣平王 懷의 아들.

(4) 낙양洛陽에서 업鄴으로

고환高歡은 대승상大丞相이 되어 관청을 진양晉陽에 세우고 그곳에
거하였다. 위주는 고환을 두려워하여 진양을 칠 모책을 세웠다. 그러자
고환이 병력을 옹위하여 공격해오자 위주는 장안長安으로 달아나 관서
대도독關西大都督 우문태宇文泰에게 의지하여 우문태를 대승상에 임명
하였다.

고환은 위주를 추격하였으나 미치지 못하자 마침내 낙양에서 청하왕淸河王의 세자世子 선견元善見을 세우고 업鄴으로 도읍을 옮겼다.(534년.東魏)

高歡爲太丞相, 建府於晉陽居之. 魏主畏歡, 謀伐晉陽. 歡擁兵來, 魏主奔長安, 依關西大都督宇文泰, 以泰爲大丞相.
歡追魏主, 不及, 遂立淸河王世子善見於洛陽, 遷于鄴.

【奔長安】西魏라 불린 것은 이때부터임.(世號西魏始此. −원주)
【淸河王】孝文帝의 아들.
【遷于鄴】東魏라 불린 것은 이때부터임.(世號東魏始此. −원주)

⑸ 동위東魏와 서위西魏로 나뉘다

위魏는 도무제道武帝로부터 이때에 이르기까지 12세 149년이었으며 이리하여 동위東魏(534년), 서위西魏(535년)로 나뉘었다.

魏自道武至是十二世, 一百四十九年, 而分爲東魏·西魏.

576 후경侯景의 난과 양 무제의 죽음

(1) 천자가 도망가야 할 징조

이에 앞서 형혹熒惑이 남두성南斗星으로 들어갔다. 양주梁主, 武帝가 말하였다.

"형혹이 남두성으로 들어간 것은 천자가 대궐에서 내려와 도망가야 한다는 징조이다."

그리고는 맨발로 궁전에서 내려와 달아나는 흉내를 내며 재앙을 없애려 하였다. 뒤에 위주魏主 수元脩가 달아났다는 말을 듣고 부끄럽게 여겨 이렇게 말하였다.

"오랑캐에게도 하늘의 성상星象이 응험할까?"

수는 장안에 이르렀다가 반년을 넘기고 다시 우문태宇文泰와 틈이 생겼고, 우문태는 수를 독살하고 말았다. 534년 뒤에 시호를 효무황제孝武皇帝라 하였다.

○ 先是熒惑入南斗, 梁主曰:「熒惑入南斗, 天子下殿走.」
乃跣下殿禳之.
聞脩出奔, 慙曰:「虜亦應天象邪?」
脩至長安, 踰半年又與泰有隙. 泰鴆之, 後諡曰孝武皇帝.

(2) 후경侯景이 발호하리라

효무황제가 이미 독살당하고 우문태는 남양왕南陽王 보거寶炬를 세웠다. (535년)

고환高歡 동위와 우문태 서위는 해마다 서로 공격하여 승부가 비등하였다. 고환이 죽으면서 그 아들 징澄에게 유언하여 이렇게 부탁하였다.

"후경侯景은 마구 날고 발호할 뜻을 지니고 있어 네가 능히 제어하지 못할 것이다. 후경을 대적하여 감당할 사람은 오직 모용소종慕容紹宗일 뿐이다."

후경은 과연 하남河南 땅으로 서위西魏에 항복하였고, 다시 얼마 지나지 않아 양梁에게 빌붙어버렸다. 양나라는 후경을 하남왕河南王에 봉하였다.

후경의 사자가 양나라에 이르자 양나라 신하들은 모두 그의 항복을 받아들이지 않으려 하였다. 양주梁主도 역시 스스로 이렇게 말하였다.

"나의 국가는 마치 금구金甌와 같아 조금도 상처나 흠이 있어서는 안 된다. 후경을 받아들였다가 공연히 일이 생길까 두렵다."

오직 주이朱异만은 이를 받아들일 것을 힘써 권하였다. 그런데 동위東魏가 모용소종을 파견하여 후경을 치게 하였다. 후경은 패하여 남쪽으로 달아나 양梁나라 수춘壽春을 습격하여 이를 점거하고 양나라 명을 청하였다. 이리하여 양나라는 곧 그를 남예주南豫州 자사로 삼았던 것이다. 이윽고 동위가 양나라에 화친을 청하였는데 뜻은 후경을 잡아들이고자 함이었다.

孝武既遇弑, 泰立南陽王寶炬.

歡與泰連年相攻戰, 互有勝負. 歡卒, 遺言囑其子澄曰:「侯景有飛揚跋扈之志, 非汝所能御. 堪敵景者, 惟慕容紹宗.」

景果以河南降西魏, 未幾復附于梁. 梁封景爲河南王. 景使至梁, 梁羣臣皆不欲納.

梁主亦自謂:「我國家如金甌, 無一傷缺. 恐納景因以生事.」

惟朱异力勸納之.

東魏遣慕容紹宗擊景, 景敗南走, 襲梁壽春, 據之請命. 梁就
以爲南豫州牧. 旣而東魏求成於梁, 意欲得景.

【寶矩】孝文帝의 손자이며 京兆王 愉의 아들.
【异】異와 같음.
【南豫州牧】당시 壽春을 南豫州라 하였음.

(3) 후경侯景의 난

후경은 양나라가 동위와 통호함을 원망하여 마침내 수양壽陽에서
모반하여 병력을 이끌고 남쪽 장강長江을 건너 건강建康을 포위하였다.
양주梁主가 즉위한 이래 강좌江左는 오랫동안 무사하여 오직 불교를
숭앙하여 여러 차례 사신捨身하여 불사를 지어 상하가 모두 불교를
믿었다. 그런데 후경이 대성臺城으로 밀려왔을 때, 원병으로 온 자도
모두 후경에 패배를 당하자 양주는 할 수 없이 사자를 보내어 후경에게
대승상으로 삼아주겠다고 맹세하도록 하였다. 그러나 대성은 다섯
달 동안 포위되었다가 함락되고 말았다.

후경이 들어가 황제를 뵙자 양주는 후경을 삼공三公의 지위에 오르게
하였다. 양주는 얼굴빛 하나 변하지 않고 후경에게 이렇게 말하였다.

"경은 군중에 오래 있어 고생이 많지 않았소?"

후경은 감히 쳐다보지 못하고 땀만 흘릴 뿐, 능히 대답도 하지 못하였다.

후경은 물러나와 사람들에게 이렇게 말하였다.

"나는 늘 안장을 타고 적진과 대치하여 시석矢石이 교차하는 아래에
있었어도 조금도 두려운 마음이 없었다. 그런데 지금 소공蕭公을 뵈니

사람을 겁에 떨게 하였다. 어찌 하늘이 준 위엄은 범할 수 없다는
것이 아니겠는가? 나는 더 이상 이런 사람을 만날 수 없으리라.”

景恨梁通東魏, 遂反於壽陽, 引兵南渡, 圍建康. 梁主自卽位
以來, 江左久無事, 惟崇佛法, 屢捨身佛寺, 上下化之. 及景逼臺城,
援兵至者, 爲景所敗, 梁主遣人與景盟, 以爲大丞相.
　臺城受圍五月而陷, 景入見, 引就三公位, 梁主神色不變,
　謂景曰:「卿在軍中久, 毋乃爲勞?」
　景不敢仰視, 流汗不能對, 景退謂人曰:「吾常跨鞍對陣, 失石
交下, 了無怖心. 今見蕭公, 使人自慴, 豈非天威難犯? 吾不可
以復見此人.」

(4) 양梁 무제武帝의 죽음

양주는 후경에게 제압을 당하여 음식까
지도 역시 그에게 결재를 받고 줄여 먹어야
했다. 이에 울분이 병이 되어 입이 써서
꿀을 달라 해도 얻어먹을 수 없게 되었다.
그리하여 두 번이나 ‘하하荷荷’하고 소리를
지르고는 드디어 죽고 말았다.(549년)
무제는 재위 48년, 연호를 일곱 번 바꾸
어 천감天監, 보통普通, 대통大通, 중대통
中大通, 대동大同, 중대동中大同, 태청太淸
이라 하였다. 86살이었다.

〈梁 武帝〉《三才圖會》

梁主爲景所制, 飮膳亦被裁損, 憂憤成疾, 口苦索蜜不得. 再曰
荷荷, 遂殂.

在位四十八年, 改元者七, 曰天監·普通·大通·中大通·大同·
中大同·太淸, 壽八十六.

【中大通】年號 이름. 中大同도 같음.

⑸ 소명태자昭明太子 소통蕭統

이에 앞서 태자 통蕭統은 어질고 총명하며 효성 있고 검소하며 학문을
좋아하였으며 문학의 재주가 있었다. 30년이나 동궁東宮으로 있다가
세상을 마쳤다. 양주는 그 적손嫡孫을 버리고 따로 아들을 세워두었었는데
이때에 이르러 즉위하였다. 이가 태종간문황제太宗簡文皇帝이다.

先是, 太子統, 仁明孝儉, 好學有文, 在東宮三十年而終. 梁主
舍嫡孫而立別子, 至是卽位, 是爲太宗簡文皇帝.

2. 簡文皇帝

577 간문황제簡文皇帝

간문황제는 이름이 강蕭綱이며 동궁에 18년 있다가 그 뒤 후경의 난을 만났다. 그는 이미 즉위하고도(550년) 후경에게 제압당할 뿐이었다. 상동왕湘東王 역蕭繹이 강릉江陵을 진수하고 있었는데 자칭 가황월대도독假黃鉞大都督이라 하여 안팎의 군사들은 그의 통제를 받았다. 또 악양왕岳陽王 찰蕭詧은 소명태자昭明太子 통蕭統의 셋째아들이었다. 그는 양양襄陽을 지키고 있었는데 역과 서로 공격하게 되자 찰은 사신을 보내어 서위西魏에 항복하고는 구원을 청하였다.

簡文皇帝:

名綱, 在東宮十八年, 而後遇侯景之亂. 旣立, 受制於景而已. 湘東王繹鎭江陵, 自稱假黃鉞大都督. 中外諸軍, 承制. 岳陽王詧, 昭明太子統之第三子也. 鎭襄陽, 與繹相攻, 詧遣使降于西魏, 以求援.

【綱】武帝의 셋째아들.
【詧】'察'과 같음.
【蕭統】武帝의 太子이며 諡號는 昭明. 《昭明文選》을 남겼음.

578 동위東魏의 멸망

동위東魏의 대장군 발해왕渤海王 징澄이 이에 앞서 부하에게 피살되고
아우 양洋이 승상이 되어 제왕齊王에 봉해졌다. 그는 동위의 임금을
협박하여 양위토록 하고 이어서 그를 시살하였다.(550년) 시호를 효정황제
孝靜皇帝라 하였다. 동위는 건국하여 17년 만에 망하였다.

○ 東魏大將軍渤海王澄, 先是爲其下所殺, 弟洋爲丞相, 封齊王,
逼東魏主禪位, 尋弒之. 諡曰孝靜皇帝.
　東魏建國一十七年而亡.

【渤海王澄】 高歡의 아들이며 그 전의 武帝 太淸 3년에 膳奴蘭京에게 피살되었음.
【齊主洋受禪】 北齊로 불리기 시작한 것은 이때부터임.(世號北齊始此. -원주)

579 서위西魏가 양왕梁王을 삼다

서위가 양梁나라 소찰蕭詧을 양왕梁王으로 삼았다.

○ 西魏立梁蕭詧爲梁王.

580 서위西魏의 보거寶炬가 죽다

서위의 군주 보거寶炬가 죽어(551년) 시호를 문황제文皇帝라 하였다.
태자 흠欽이 섰다.

○ 西魏主寶炬殂, 諡曰文皇帝. 太子欽立.

〈犁地圖와 狩獵圖〉 甘肅 嘉峪關 魏晉墓 출토

581 후경侯景의 최후

후경侯景이 자립하여 한왕漢王이 되고 양주梁主를 폐하여 시살하였다.
간문제는 자리만 지킬 뿐 실권을 가지지 못한 채 3년이 되지 못하였다.

연호를 고쳐 대보大寶라 하였다. 후경侯景은 예장왕豫章王 동棟을 세웠
다가 얼마 뒤 제위를 찬탈하고 말았다.(552년)

이에 앞서 시흥始興 태수 진패선陳霸先이 기병하여 후경을 토벌하였고,
상동왕湘東王은 왕승변王僧辯으로 하여금 후경을 치게 하였다.

후경은 찬탈한 지 몇 달 만에 왕승변과 진패선에게 패하여 오吳로
도망가 바다로 들어가려 하다가 그 부하에게 참수당하고 말았다. 시신이
건강建康으로 보내졌다가 그 목은 강릉江陵으로, 손발은 북제北齊로 보내
졌다. 상동왕이 섰다. 이가 원황제元皇帝이다.(552년)

○ 侯景自立爲漢王, 廢梁主弒之. 尸位不及三年, 改元者一:
曰大寶. 景立豫章王棟, 已而簒位. 先是, 始興太守陳霸先, 起兵
討景, 湘東王遣王僧辯討景. 景簒數月, 而爲僧辯霸先所敗, 亡
走吳, 欲入海, 爲其下所斬. 送尸建康傳首江陵, 截其手足送於
北齊. 湘東王立, 是爲元皇帝.

【尸位】밥만 축내는 사람이라는 뜻으로 梁帝가 비록 제위에 있기는 하지만
　그 일을 관장하지 않아 尸主와 같다는 비유임.
【棟】昭明太子의 長孫.
【始興】郡 이름. 廣東에 속하며 지금의 韶州府.
【其下】그 부하는 羊鵾이었음.
【傳首紅陵】당시 湘東王이 이곳을 진수하고 있었음.
【送於北齊】侯景이 東魏에서 반란을 일으키자 北齊가 동위를 선양 받았음.

3. 元皇帝

> ⊛ 元帝. 南朝 梁의 제3대 황제.
> 蕭繹. 552년~555년 재위.

582 원황제元皇帝

원황제元皇帝는 이름이 역蕭繹이며 애꾸눈으로 성질이 잔인하였다. 강릉江陵에서 즉위하였다.(552년) 양나라는 후경侯景의 난 이래 주군州郡의 태반이 서위西魏로 들어가고 촉蜀도 역시 위나라 소유가 되고 말았다. 그리하여 양나라는 파릉巴陵 이하 건강建康에 이르는 땅이었으며 장강長江을 국경으로 삼았다.

元皇帝:

名繹, 一目眇, 性殘忍. 卽位于江陵. 自侯景之亂, 州郡太半入西魏, 蜀亦爲魏有. 梁自巴陵以下至健康, 以長江爲限.

【眇】 외눈박이. 애꾸눈.
【巴陵】 郡 이름. 湖廣에 속하며 지금의 岳州府.

583 돌궐突厥이 강해지기 시작하다

돌궐突厥이 유연柔然을 공격하였다. 북제北齊가 돌궐을 쳐 유연을 옮겼다. 이때에는 유연은 이미 쇠퇴하고 돌궐이 강대해지기 시작하였다.

○ 突厥攻柔然. 北齊擊突厥遷柔然, 是時柔然衰, 突厥始强大.

【突厥】 옛 흉노의 북쪽에 있던 부족.(古匈奴北部. −원주)

584 서위西魏 우문태宇文泰

서위 우문태宇文泰가 그의 군주 흠拓跋欽을 폐하고 그 아우 곽拓跋廓을 세웠다. 흠은 우문태에게 시살되었다.(553년)

○ 西魏宇文泰, 廢其主欽, 而立其弟廓, 欽遇弑.

【廓】 文帝의 넷째 아들.

585 만 권의 책을 읽었으나 아무 소용이 없다

서위는 주국柱國 우근于謹을 보내서 양梁을 쳐 강릉江陵에 입성하였다. 양주梁主는 고금古今의 도서 14만 권을 불태우면서 이렇게 탄식하였다.
"문무文武의 도가 오늘밤으로 끝나는구나."
그러고 나와 항복하였다. 어떤 사람이 물었다.
"무슨 뜻으로 불태워버렸습니까?"
그가 대답하였다.
"나는 책을 만 권이나 읽었건만 그래도 오늘과 같은 날을 만나고 말았다."
잠시 후 그는 피살되었다.(555년) 재위 3년으로 연호를 고쳐 승성承聖이라 하였다.

○ 西魏遣柱國于謹, 伐梁入江陵. 梁主焚古今圖書十四萬卷, 歎曰:「文武之道, 今夜盡矣.」
乃出降.
或問:「何意焚書?」
曰:「讀書萬卷, 猶有今日.」
尋被殺. 在位三年, 改元者一: 曰承聖.

【柱國】관직 이름. 輔弼의 신하이며 나라의 棟梁이라 하여 柱國이라 함.

586 왕승변王僧辯과 진패선陳霸先

서위가 양양襄陽을 취하고 양왕梁王 찰詧을 강릉江陵으로 옮겨 황제를
칭하게 하고 군사를 주둔 시켜 이를 지켰다. 이가 후량後梁이며 서위에게
신복하였다. 왕승변王僧辯과 진패선陳霸先은 진안왕晉安王을 받들어 건강
에서 천자로서의 명령을 반포頒布하였다.

정양후貞陽侯 연명淵明은 이에 앞서 이 북제北齊에 붙잡혔었다가 이때에
이르러 북제는 호위병을 붙여 그를 양으로 데려왔다. 왕승변은 연명을
받들어 건강으로 돌아와 칭제하였다. 그런데 진패선이 왕승변을 죽이고
연명을 폐한 다음 진안왕晉安王을 세웠다. 이가 경황제敬皇帝이다.(555년)

○ 西魏取襄陽, 徙梁王詧于江陵, 使稱帝, 屯兵守之, 是爲後梁,
臣于西魏. 王僧辯 · 陳霸先, 奉晉安王, 稱制于建康. 貞陽侯淵明,
先是爲北齊所獲, 至是以兵納之, 王僧辯奉歸建康稱帝.

陳霸先殺僧辯, 廢淵明立晉安王, 是爲敬皇帝.

【淵明】梁나라 宗室의 아들로《南史》에는 蕭淵明이라 함.

4. 敬皇帝

587 경황제敬皇帝

경황제敬皇帝는 이름이 방지蕭方智이며 원제元帝의 아들이다. 나이 열셋에 즉위하여 진패선陳霸先이 승상이 되었다.

敬皇帝:

名方智, 元帝子也. 年十三卽位, 陳霸先爲丞相.

588 서위西魏의 우문태宇文泰가 죽다

서위西魏의 태사太師이며 대총제大冢宰 안정공安定公 우문태宇文泰가 죽어 세자 각覺이 뒤를 이었다. 나이 열다섯으로 우문호宇文護가 보좌하였으나 얼마 지나지 않아 각覺을 주공周公으로 삼았다.

○ 西魏太師大冢宰安定公宇文泰卒, 世子覺嗣. 年十五, 宇文護輔之, 未幾, 以覺爲周公.

【護】宇文覺의 從兄.

589 서위西魏의 멸망

서위의 군주 곽廓이 주周에게 양위하고 곽은 시살되었으며 뒤에 시호를 공황제恭皇帝라 하였다. 서위는 건국한 이래 4세 24년 만에 망하였다.(555년) 우문각宇文覺은 주천왕周天王이라 일컬었다. 성격이 강건하고 과감하였으며, 우문호의 전횡을 미워하자 우문호가 그를 시살하였다. 뒤에 시호를 효민황제孝閔皇帝라 하였으며 우문태의 장자 육宇文毓을 세웠다.

○ 西魏主廓禪于周, 廓遇弑, 後諡曰恭皇帝. 西魏建國四世, 二十四年而亡. 覺稱周天王. 性剛果, 惡護之專, 護弑之. 後諡曰孝閔皇帝, 立泰之長子毓.

【周】 흔히 '後周'(北周)라 함.(世號後周. —원주)

590 남조 양梁나라의 멸망

　　양梁나라 승상 진패선陳霸先은 상국相國이 되어 진공陳公에 봉해지고 구석九錫을 더하였다가 얼마 후 작위가 올라 왕王이 되었다. 양주梁主는 연호를 두 번 고쳐 소태紹泰, 태평太平이라 하였다. 실권 없는 자리에 3년이 되지 않아 제위를 진陳에 넘겨주고 얼마 후 시살되었다.(557년) 양梁은 고조무제高祖武帝로부터 이에 이르기까지 4세, 무릇 56년 만에 망하였다.

　　○ 梁丞相陳霸先, 爲相國, 封陳公, 加九錫, 尋進爵爲王. 梁主 改元者二: 曰紹泰, 曰太平. 尸位未三年而禪于陳, 尋遇弑.
　　梁自高祖武帝, 至是四世, 凡五十六年而亡.

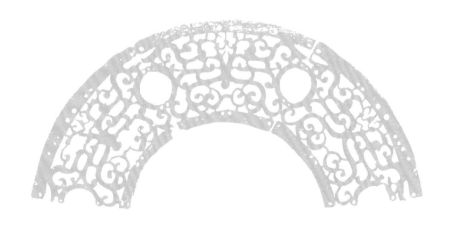

陳世系圖

武帝霸先
├── 文帝蒨 ── 廢帝伯宗
└── 宣帝頊 ── 後主叔寶

〈南朝陳世系圖〉《三才圖會》

(라) 陳

1. 高祖武皇帝

> ❸ 武帝. 南朝 陳의 첫 황제.
> 陳霸先. 557년~559년 재위.

591 고조무황제高祖武皇帝

진陳나라 고조무황제高祖武皇帝는 성은 진陳, 이름은 패선霸先으로 오흥吳興 사람이다.

양梁나라 무제武帝 때에 광주廣州 참군이 되었다. 광주에 난이 일어나자 이 난을 평정한 공로로 장군이 되었다가 얼마 후 교주交州 사마, 서강西江 도호, 고요高要 태수에 올랐으며 일곱 군의 군사를 통솔하여 여러 번 난을 평정하였다. 후경侯景이 대성을 함락하자 진패선은 당시 시흥始興을 지키고 있었는데, 군내의 호걸들과 결탁하여 기병하여 후경을 토벌하였다. 먼저 강주江州를 취하여 그곳 자사가 되고

〈진 무제〉《三才圖會》

다시 군사를 불러 모아 이를 이끌고 마침내 후경을 평정하였다. 그리하여 드디어 양나라 장상將相의 지위에 올랐다가 제위를 선양받기에 이른 것이다.(557년)

즉위 3년 만에 죽었으며(559년) 연호를 고쳐 영정永定이라 하였다.
두 아들 창昌과 욱頊은 모두 서위西魏가 강릉江陵을 함락시켰을 때 재산을
몰수당하고 서위의 서울 장안長安으로 끌려갔다. 임천왕臨川王이 섰다.
이가 세조문황제世祖文皇帝이다.

陳高祖武皇帝:

姓陳, 名霸先, 吳興人也. 梁武帝大同中, 爲廣州參軍, 廣有亂,
討平之, 以功爲將軍, 尋爲交州司馬, 西江都護, 高要太守, 督七
郡諸軍, 屢平寇亂, 侯景陷臺城, 霸先時守始興, 結郡中豪傑,
起兵討景. 先取江州爲州刺史, 引兵會諸軍, 卒以平景, 遂爲將
相於梁, 以至受禪.

卽位三年殂, 改元者一, 曰永定. 子二人, 昌, 頊, 皆以江陵陷時,
沒入長安. 臨川王立, 是爲世祖文皇帝.

【陳】漢나라 陳寔의 후예라 함.
【吳興】郡 이름. 江浙에 속하며 지금의 湖州府.
【高要】郡 이름. 廣東에 속하며 지금의 肇慶府.

2. 文皇帝

❀ 文帝. 南朝 陳의 제2대 황제.
陳蒨. 560년~566년 재위.

592 문황제文皇帝

문황제文皇帝는 이름이 천陳蒨이며 무제武帝 형의 아들이다. 무제가
양梁나라 난을 평정할 때에 이미 공로가 있어 이때에 이르러 즉위한
것이다.(560년)

文皇帝:
名蒨, 武帝之兄子也. 在武帝平梁亂時, 已有功, 至是卽位.

【蒨】 음은 '천'(千).
【兄】 昭烈王.

593 주왕周王 육毓이 황제를 칭하다

주왕周王 육毓이 황제를 칭하였다.(557년)

○ 周王毓稱帝.

594 북제왕北齊王

북제왕北齊王 양高洋이 원씨元氏 일족을 모조리 죽였다. 양이 죽고
시호를 문선제文宣帝라 하였다.(551년)

○ 北齊主洋, 盡滅元氏之族. 洋殂, 諡曰文宣皇帝.

【元】魏나라 성씨로 北齊의 임금이 죽자 太子 殷이 섰음.

〈北周 무제〉閻立本(唐) 〈歷代帝王圖卷〉 美 보스턴미술관 소장

595 주周나라 우문호宇文護

주北周나라 우문호宇文護는 주제周帝가 명민明敏하고 식견과 도량이 넓음을 꺼려하여 나서서 그를 독살하였다. 시호를 명황제明皇帝라 하였으며 육毓의 아들 옹邕이 섰다.(561년)

○ 周宇文護憚周帝明敏有識量, 進毒弑之. 諡曰明皇帝, 毓弟邕立.

596 북제北齊의 혼란

북제北齊 문선제文宣帝의 외삼촌 상산왕常山王 연演이 그 군주 은殷을 폐하고 자립하였다가 얼마 후 은殷을 시살하였다.(560년) 연演은 들어선 지 1년 만에 죽었으며(560년) 시호를 효소황제孝昭皇帝라 하였다. 연의 외삼촌 장광왕長廣王 담湛이 다시 연의 아들 백년百年을 폐하고 자립하여 뒤에 백년을 죽였다.(561년)

○ 北齊文宣帝之母弟, 常山王演, 廢其主殷而自立, 尋弒殷. 演立一年而殂, 諡曰孝昭皇帝. 母弟長廣王湛, 又廢演子百年 而自立, 後殺百年.

【百年】人名.

597 후량後梁

후량後梁의 군주 찰詧이 죽고 태자 규歸가 섰다.(562년)

○ 後梁主詧殂, 太子歸立.

【歸】음은 '규'(窺).

598 북제北齊의 담湛

북제의 군주 담高湛이 태자 위高緯에게 제위를 넘겨주고(565년) 자칭 태상황제太上皇帝라 하였다.

○ 北齊主湛, 傳位於太子緯, 自稱太上皇帝.

599 문제文帝의 죽음

진주陳主는 곤궁 속에서 자립하여 백성의 고통을 알고 있었다. 그는 성격이 명찰 근검하였다. 재위 8년에 죽었으며(566년) 연호를 두 번 고쳐 천가天嘉, 천강天康이라 하였다.

태자가 섰다. 이가 폐제廢帝 임해왕臨海王이다.

○ 陳主起自艱難, 知民疾苦, 性明察儉勤. 在位八年殂, 改元者二: 曰天嘉, 曰天康.

太子立, 是爲廢帝臨海王.

【天嘉】 즉위 2년에 연호를 고침.
【臨海】 郡 이름으로 浙東에 속하며 지금의 台州府.

3. 廢帝臨海王

600 폐제임해왕廢帝臨海王

폐제廢帝 임해왕臨海王은 이름이 백종陳伯宗이며 재위는 3년, 연호를 고쳐 광대光大라 하였다. 안성왕 安成王 욱陳頊에게 폐위 당하였다. (569년)

廢帝臨海王:

名伯宗, 在位三年, 改元者 一: 曰光大. 爲安成王頊所廢.

〈進食圖〉 甘肅 嘉峪關 魏晉墓 출토

【光大】 즉위 2년에 연호를 고침.
【頊】 武帝의 형이며 昭烈王의 둘째아들, 文帝의 아우.

601 북제北齊의 무성황제武成皇帝

북제의 상황上皇 담高湛이 죽어(564년) 시호를 무성황제武成皇帝라 하였다.

○ 北齊上皇湛殂, 諡曰武成皇帝.

602 안성왕安成王이 자립하다

진陳의 안성왕安成王, 陳頊이 자립하였다.(569년) 이가 고종高宗 선황제宣皇帝이다.

○ 陳安成王自立, 是爲高宗宣皇帝.

4. 宣皇帝

603 선황제宣皇帝

선황제宣皇帝는 이름이 욱陳頊이다. 처음 장안長安에 들어가 고생을
하였으나, 문제文帝 때에 주인周人이 욱을 진陳나라로 돌려보내 주어
이때에 이르러 즉위한 것이다.(569년)

宣皇帝:
名頊. 初陷入長安, 文帝時, 周人送頊還陳, 至是卽位.

604 주주周主 우문옹宇文邕

주주周主 옹宇文邕이 우문호宇文護를 주살하고 비로소 친히 정치를
행하였다.(561년)

○ 周主邕誅宇文護, 始親政.

605 북제北齊의 멸망

북제北齊의 후주後主 위高緯는 폐총嬖寵이 많아 정치가 어지러웠다. 이에 주周나라가 제齊나라를 쳐서 업鄴으로 들어가 위高緯를 잡아 돌아가 죽이고 그의 일족을 몰살하였다.(577년) 북제는 건국하여 5세, 30년 만에 망하였다.

○ 北齊後主緯, 多嬖寵, 政亂. 周伐齊入鄴, 執緯歸殺之, 夷其族. 北齊建國五世, 三十年而亡.

【五】 '六'이어야 함. 《通鑑》에 "北齊는 여섯 군주로 文宣帝(洋), 廢帝(殷), 孝昭帝(演), 武成帝(湛), 後主(緯), 幼主(恒中)이다"라 하였음.(當作六. 通鑑注: 北齊祚修六主, 謂文宣帝洋, 廢帝殷, 孝昭帝演, 武成帝湛, 後主緯, 幼主恒中. -원주)

【北齊亡】 《紀年》에 의하면 北齊는 庚午년에 일어나 丁酉년에 끝마칠 때까지 건국한 지 28년이다.(案紀年: 北齊起自庚午, 終于丁酉, 建國凡二十八年. -원주)

606 양견楊堅의 등장과 북주北周의 멸망

주왕周王 옹宇文邕은 매우 침착하고 원대한 식견이 있었으며 정치는 엄명하여 어진 임금이라 불렸다. 제나라를 멸망시킨 뒤 1년 만에 죽었는데(578년) 나이 36이었다. 시호를 무황제武皇帝라 하였다.

태자 윤宇文贇이 들어서 양씨楊氏를 황후로 세웠다. 황후의 아버지 수공隋公 양견楊堅이 정치를 전단하며 상주국대사마上柱國大司馬가 되었다. 윤贇은 태자 시절부터 소인들을 가까이 하였는데 즉위한 지 1년도 못되어 아들 천宇文闡에게 물려주고 자신은 천원황제天元皇帝라 일컬었다.

〈수 문제〉 閻立本(그림)

빈은 교만하고 사치가 심하였으며 양위하고 1년이 못되어 죽었다. 시호를 선고제宣高帝라 하였다.

양견楊堅은 스스로 대승상大丞相이 되었다가 다시 상국相國, 수왕隋王에 올라 구석九錫을 더하였다. 그리고 얼마 지나지 않아 주주周主 천闡은 수隋에게 선양한 뒤 얼마 후 시살되었으며, 수주隋主는 우문씨宇文氏의 일족을 모두 없애버렸다. 주나라는 황제를 칭한 지 이때에 이르기까지 5세, 25년 만에 망하였다.(581년)

○ 周王邕, 深沈有遠識, 政事嚴明, 稱爲賢王. 滅齊一年而殂, 壽三十六, 謚曰武皇帝.

太子贇立, 立皇后楊氏. 后父隋公楊堅用事, 爲上柱國大司馬.
贇自爲太子時, 好昵近小人, 立未一年, 傳位於子闡, 自稱天元
皇帝. 驕侈彌甚, 未一年而殂, 諡曰宣皇帝.

楊堅自爲大丞相, 進相國隋王, 加九錫. 未幾, 周主闡禪位于隋,
尋被弑, 隋主盡滅宇文氏之族.

周自稱帝, 至是五世, 二十五年而亡.

【贇】'윤'으로 읽음.(於倫切. −원주)

607 선제宣帝의 죽음

진주陳主는 제위 14년, 연호를 고쳐 대건大建이라 하였다. 그가 죽고 (582년) 태자가 섰다. 이가 후주後主 장성공長城公 양공煬公이다.

○ 陳主在位十四年, 改元者一: 曰大建. 殂, 太子立, 是爲後主
長城公煬公.

【煬】 '양'(漾)으로 읽음.

5. 後主長城煬公

⊛ 後主. 南朝 陳의 제5대 황제.
陳叔寶. 583년~589년 재위.

608 후주장성양공後主長城煬公

후주 장성양공長城煬公은 이름이 숙보陳叔寶이다. 태자로 있을 때부터 첨사詹事 강총江摠과 밤낮으로 술을 마시며 놀았다. 즉위한 지 얼마 되지 않았을 때 임춘臨春, 결기結綺, 망선望仙의 세 누각을 지었다. 각기 수십 길 높이에, 수십 칸이 이어져 있었다. 모두 침향목沈香木과 단향檀香木으로 지었으며 금옥과 진주, 비취翡翠로 장식하고 구슬로 만든 발, 보옥寶玉으로 수놓은 휘장을 치고, 옷과 완구는 진귀하고 화려하여 근세에 있지 않았던 것이며 누각 아래에는 돌을 쌓아 산을 만들고 물을 끌어 못을 만들었으며 갖가지 화훼를 심었다.

진주陳主는 임춘각臨春閣에서 거처하였고 귀비貴妃 장려화張麗華는 결기각結綺閣에, 공씨龔氏, 공씨孔氏의 두 귀빈貴嬪은 망선각望仙閣에 거하면서 복도複道를 놓아 서로 왕래하였다.

강총江摠은 재상이 되어 정사는 보지 않고 날마다 공범孔範 등의 문사文士와 함께 후궁의 주연을 모시기에 바빴으며 이에 참가하는 자를 압객狎客이라 하였다. 여러 귀빈들로 하여금 압객과 함께 시가詩歌를 지어 창화唱和토록 하였는데, 그 노래에 '옥수후정화玉樹後庭花'등이 있었다. 임금과 신하는 술과 노래로 저녁부터 아침까지 계속하였다.

환관宦官과 측근은 안팎으로 연결하고 결탁하였고 종친과 친척은 방종하기 이를 데 없었으며 뇌물이 공공연하게 오고 갔다.

공범孔範은 귀빈貴嬪과 의형제를 맺었다. 공범은 스스로 이렇게 말하기
까지 하였다.

"문무의 재능이 조정을 통틀어 나에게 미치는 자는 없다."

장수들에게 조금이라도 잘못이 있으면 곧 병권兵權을 빼앗아 버렸으며
이로써 문관과 무관이 해체되어 결국 복멸의 지경에 이르게 된 것이다.

後主長城煬公:

名叔寶, 自爲太子, 與詹事江摠, 爲長夜之飮. 卽位未幾, 起臨春·
結綺·望仙閣, 各高數十丈, 連延數十間, 皆以沈檀爲之, 金玉
珠翠爲之飾, 珠簾寶帳, 服玩瑰麗, 近古未有, 其下積石爲山,
引水爲池, 雜植花卉. 陳主居臨春閣, 貴妃張麗華居結綺, 龔孔
二貴嬪居望仙, 複道往來.

江摠爲宰輔, 不親政事, 日與孔範等文士, 侍宴後庭, 謂之狎客.
使諸貴嬪與客唱和, 其曲有玉樹後庭花等, 君臣酣歌, 自夕達旦,
宦官近習, 內外連結, 宗戚縱, 貨賂公行.

孔範與貴嬪結爲兄弟, 範自謂:「文武才能, 擧朝莫及.」

將帥微有過失, 卽奪兵權, 由是文武解體, 以至覆滅.

【詹事】동궁(태자)의 일을 맡아 관장하는 직책.
【沈檀】沈香과 檀香.
【貴妃, 貴嬪】모두가 婦官의 職名.
【解體】乖離와 같음.

609 후량後梁의 멸망

후량後梁의 군주 규歸가 죽고 태자 종琮이 섰으나 수주隋主가 그를
폐하여 멸망시켰다. 찰詧이 강릉江陵에서 황제를 일컬은 후 서위西魏,
주周, 수隋에게 신복하여 그 통치 영역은 그저 몇 개 군에 지나지 않았다.
33년 만에 망하였다.(587년)

○ 後梁主歸殂, 太子琮立, 隋主廢而滅之. 自詧稱帝於江陵,
臣於西魏周隋, 所統數郡而已.
　凡三十三年而亡.

【稱帝】 모두 二世이다.(凡二世. −원주)

610 양견楊堅의 진陳나라 공략

(1) 3백 년이 지나면 중국이 통일되리라

수隋의 양견楊堅은 진왕晉王 광楊廣을 원수元帥로 삼아 군사를 거느리고 진陳나라를 정벌토록 하였다. 양소楊素, 한금호韓擒虎, 하야필賀若弼이 길을 나누어 출정하였다. 고경高熲은 원수장사元帥長史가 되어 설도형薛道衡에게 물었다.

〈한금호(子通)〉《三才圖會》

"강동江東을 이길 수 있겠소?"

설도형이 대답하였다.

"이길 것이오. 옛날 곽박郭璞의 예언에 '강동이 나뉘어 왕 노릇 3백 년이며 뒤에 중국에 합치리라' 하였는데 그 수가 지금 주기가 되었소."

진주陳主는 수나라 군대가 온다는 말을 듣고 근신에게 이렇게 말하였다.

"왕기王氣가 여기에 있다. 저들은 무엇 하는 자들인가?"

공범孔範이 말하였다.

"장강長江은 천연의 참호입니다. 어떻게 날아서 건너오겠습니까? 신은 매번 그들 관직이 낮은 것이 걱정입니다. 만약 저들이 강을 건너오거든 그에게 태위공太尉公을 결정해 주십시오."

진주는 그렇다고 자신하고 여전히 음악과 기녀, 술로 방종하게 놀며 부시賦詩의 환락을 그치지 않았다.

○ 隋以晉王廣爲元帥, 帥師伐陳, 楊素・韓擒虎・賀若弼, 分道而出.

高熲爲元帥長史, 問薛道衡:「江東可克乎?」

對曰:「克之, 郭璞言:『江東分王三百年, 與中國合.』此數將周.」

陳主聞有隋兵, 謂近臣曰:「王氣在此, 彼何爲者?」

孔範曰:「長江天塹, 豈能飛渡? 臣每患官卑, 虜若渡江, 定作大尉公矣.」

陳主以爲然, 奏伎縱酒, 賦詩不輟.

【廣】隋文帝의 셋째아들.
【賀若弼】覆姓으로 '若'는 음이 '야'이다.(覆姓, 若音也. -원주)
【伎】'妓'와 같음. 女樂을 뜻함.

⑵ 우물로 뛰어든 황제

하야필賀若弼은 광한廣漢에서 강을 건너고, 한금호韓擒虎는 횡강橫江에서 밤중에 채석강采石江을 건넜다. 진陳나라 수비들은 모두 술에 취해 있었다. 한금호는 드디어 신림新林으로부터 진출하여 곧바로 주작문朱雀門으로 진입하였다. 진주는 경양전景陽殿의 우물로 뛰어들었다. 수나라 군인이 들여다보고 돌로 내리치려 하자 소리를 질렀다. 밧줄을 내려뜨려 장려화張麗華, 공귀빈孔貴嬪도 함께 묶어 끌어올려 사로잡아 돌아갔다.

賀若弼自廣漢濟江, 韓擒虎自橫江, 宵濟采石. 守者皆醉. 擒虎
遂自新林進, 直入朱雀門.

陳主自投景陽井中, 軍人窺井, 將下石, 乃叫, 以繩引之, 與張
麗華·孔貴嬪, 同束而上, 俘以歸.

【新林】建康에 있는 포구. 지명.

(3) 남조 진陳의 멸망

후주後主는 재위 7년, 연호를 두 번 고쳐 지덕至德, 정명禎明이라 하였다.
진陳은 고조무제高祖武帝로부터 이에 이르기까지 5세, 22년 만에 망하였다.
(589년)

後主在位七年, 改元者二, 曰至德, 曰禎明. 陳自高祖武帝,
至是五世, 凡二十二年而亡.

❋ 본 장에 대한 司馬光의 史評은 다음과 같다.
司馬溫公曰:「武帝與王僧辯, 同事梁室. 誅夷侯景, 乘時伺隙, 以詐力取國.
然率羸斃之衆, 當强齊乘勝之勢, 卒成大功, 奄有江南, 斯亦難矣. 文帝恭勤政事,
足爲良主; 孝宣乘齊之衰而啓土, 逢周之興而喪師, 豈非不恃內而恃外邪? 以陳
國區區, 不能居天下五分之一; 栗栗危懼, 不能保其社稷, 況後主荒淫無度,
以趣之, 納身智兆, 不亦宜乎?」

隋世系圖

文帝楊堅 ── 煬帝廣 ── 恭帝侑

〈隋世系圖〉《三才圖會》

(十五) 隋

1. 高祖文皇帝

⊛ 文帝. 隋나라의 첫 황제.
楊堅. 581년~604년 재위.

611 고조문황제高祖文皇帝

(1) 머리에는 뿔이 솟고 살에는 비늘이 돋아

수隋나라 고조문황제高祖文皇帝의 성은 양楊, 이름은 견堅으로 홍농弘農 사람이다. 전하기로는 동한東漢의 태위太尉 양진楊震의 후손이라 한다. 아버지 충忠이 위魏와 주周를 섬겨 공로가 있어 수공隋公에 봉해졌으며 양견은 그 작위를 이어받은 것이다.

양견이 태어나고 나서 이상한 일이 있었다. 집 옆에 절이 있었는데 여승 하나가 양견을 안고 돌아가 길렀다. 어느 날 여승이 외출하게 되어 양견을 그 친어머니에게 맡겨 안고 있도록 하였더니 그 아들의

〈수 문제〉《三才圖會》

머리에는 뿔이 솟고 살에는 비늘이 돋아 용의 모습이 되는 것이었다. 어머니는 크게 놀라 그만 아이를 땅에 떨어뜨렸다. 여승이 갑자기 가슴이 두근거려 급히 돌아와 보면서 이렇게 말하였다.

"내 아들을 놀라게 하였으니 천하를 얻을 시기가 늦어졌다."

성장함에 따라 인상人相도 보통 사람과 달라졌다. 주周의 사람이 어느 날 무제武帝에게 고하였다.

"보륙여견普六茹楊堅은 모반할 상입니다."

양견은 이 말을 듣고 스스로 재능을 깊이 숨겨 감추었다.

그의 딸이 주周 선제宣帝의 황후가 되었다. 이어 주 정제靜帝가 즉위하자 양견은 태후太后의 아버지로서 정권을 쥐었고 마침내 주나라 제위를 옮겨 받게 된 것이다.(581년)

隋高祖文皇帝:

姓楊氏, 名堅, 弘農人也. 相傳爲
東太漢尉震之後. 父忠仕魏及周,
以功封隋公, 堅襲爵.

堅生而有異. 宅旁有尼寺, 一尼
抱歸自鞠之. 一日尼出, 付其母
自抱, 角出鱗起, 母大驚墜之地.

尼心動, 巫還見之曰:「驚我兒,
致令晚得天下.」

及長相表奇異.

周人嘗告武帝:「普六茹堅有
反相.」

堅聞之深自晦匿. 女爲周宣帝后.

周靜帝立, 堅以太后父秉政, 遂移周祚.

〈수 문제 면복상〉《歷代帝后圖》

【隋】 원래 楊堅이 隨國公(隨公)에 봉해졌으며 그 봉지를 국가 이름으로 삼은 것임. 그러나 '隨'라는 글자가 고정되지 아니하고 '따르다'는 뜻이 있어 나라 이름으로 적합지 않다고 여겨 '辶'를 제거하고 '隋'라는 글자를 만들어 국호로 삼았음.

【震之後】《世紀》에 "楊震의 4世孫이 楊孕이며 孕이 渠를, 渠가 鉉을, 鉉이 元壽를, 元壽가 惠假를, 惠假가 烈을, 烈이 禎을, 禎이 忠을 낳았는데 이가 바로 양견의 아버지이다"라 함.(世紀: 震四世孫曰孕, 孕生渠, 渠生鉉, 鉉生元壽, 元壽生惠假, 惠假生烈, 烈生禎, 禎生忠, 乃帝父也. ―원주)

【有異】 보랏빛 기가 뜰에 가득하였으며 손에 무늬가 있어 王이라는 글자가 있었음.(紫氣充庭, 有文在手曰王. ―원주)

【尼】 女僧을 尼라 함.

【周人】 王軌를 가리킴.

【普六茹】 세 글자는 성씨이며 본성 楊은 魏 恭帝 때에 잠시 이 성씨를 하사하였던 것임.(三字姓, 本姓楊, 魏恭帝一時, 賜此姓也. ―원주)

(2) 양광楊廣을 태자로 삼다

즉위하여 9년 만에 진陳나라를 평정하여(589년) 천하 통일을 이루었다. 개황開皇 20년, 태자 용楊勇을 폐하여 서인庶人을 삼았다.

처음 문제文帝는 용楊勇을 참여시켜서 정사를 결재토록 하였으나 용은 때로는 손익을 따져 정치를 잘 도왔다. 용은 성격이 관대 온후하고, 뜻을 솔직히 하여 고치거나 꾸미는 일이 없었다. 그러나 황제의 성격은 절검하였으나 용은 의복과 씀씀이가 사치를 부려 은총이 식어가기 시작하였다. 게다가 용은 총희寵姬가 많았으며 비妃, 元氏는 총애를 잃고 일찍 죽은 터라 서자가 많았다. 이에 독고황후獨孤皇后는 용을 몹시 미워하였다. 진왕晉王 광楊廣이 스스로 거짓을 꾸며 적손의 자리를 빼앗을 계략을 가지고 있었다. 황후는 문제의 의견에 찬동하여 용을 폐하고 광을 세워 태자를 삼았다.

即位九年, 平陳天下爲一. 開皇二十年, 廢太子勇爲庶人. 初帝
使勇參決政事, 時有損益, 勇性寬厚, 率意無矯飾. 帝性節儉,
勇服用侈, 恩寵始衰. 勇多內寵, 妃無寵死, 而多庶子.

獨孤皇后深惡之. 晉王廣彌自矯飾, 爲奪嫡計, 后贊帝廢勇,
而立廣爲太子.

【獨孤】覆姓.

〈수 문제〉

612 왕통王通의 태평십이책太平十二策

용문龍門의 왕통王通이 대궐에 나가 '태평십이책太平十二策'을 올렸으나 황제는 이것을 채용하지 않았다. 왕통은 돌아와 하수河水와 분수汾水 사이에서 제자를 가르쳤다. 먼 곳으로부터 모여드는 자가 심히 많았다.

〈王通(文中子)〉《三才圖會》

○ 龍門王通, 詣闕獻太平十二策, 帝不能用. 罷歸, 敎授於河汾之間, 弟子自遠至者甚衆.

【龍門】 縣 이름으로 河中에 있으며 夏陽.
【王通】 뒤에 문인들이 사사로이 '文中子'라는 시호를 올림.
【汾】 물 이름. 太原府 晉陽山 西南에서 발원하여 河水로 흘러듦.(水出太原府晉陽
山西南入河. —원주)

613 아버지의 여자를 겁탈하려 하다니

(1) 짐승 같은 놈

인수仁壽 4년, 황제가 병이 들어 태자楊廣를 불러 궁중에 머물러 정치를 보좌토록 하였다. 태자는 문제의 죽음을 예상하고 문서를 만들어 복야 僕射 양소楊素에게 질문하여 그 답장을 받기까지 하였다. 그런데 궁인이 잘못하여 이를 황제에게 보내고 말았다. 황제는 이를 보고 크게 화를 내었다.

황제가 총애하는 진부인陳夫人이 황제의 앞에서 물러나 옷을 갈아입을 때 태자에게 겁탈을 당할 뻔하였으나 항거하여 이를 면하게 되었다.

황제가 그 얼굴빛이 다름을 괴이히 여겨 까닭을 묻자 진부인은 눈물을 흘리며 이렇게 말하였다.

"태자가 무례하게 굴었습니다."

황제는 노하여 탁자를 치며 말하였다.

"짐승 같은 놈! 어찌 저런 놈에게 족히 큰일을 부탁할 수 있겠는가? 독고獨孤가 나를 그르치게 하였다."

이리하여 폐출되었던 태자 용勇을 불러 태자를 바꿀 참이었다. 광이 이를 듣자 우서자右庶子 장형張衡으로 하여금 들어가 병을 간호하도록 하고 기회를 보아 황제를 시살하도록 하였다. 그리고 용을 목 졸라 살해하였다.

○ 仁壽四年, 帝不豫, 召太子, 入居殿中, 太子預擬帝不諱後事, 爲書問僕射楊素, 得報, 宮人誤送帝所, 帝覽之大恚. 帝所寵陳夫人出更衣, 爲太子所逼, 拒之得免.

帝怪其神色有異問故, 夫人泫然曰:「太子無禮.」

帝恚抵床曰:「畜生! 何足付大事? 獨孤誤我.」

將召故太子勇. 廣聞之, 令右庶子張衡入侍疾, 因弒帝. 遣人縊殺勇.

【不諱後事】崩御한 이후의 일.
【右庶子】東宮의 官名. 左, 右, 中 세 등급이 있었음.

(2) 문제文帝의 치적과 과실

문제文帝는 성격이 엄하였으며 정치에 힘썼다. 영은 시행되었고 금지하는 것은 금지되었다. 그는 비록 재물에 인색하기는 했지만 공을 이룬 자에게 상을 내릴 때는 전혀 인색하지 않았으며 백성을 애호하고 잘 보살폈다. 그리고 농상에 힘쓰도록 권장하고 요역과 부세를 감면하였으며 자신 스스로도 검소함을 신봉하여 천하에 교화되었다.

황제가 주周로부터 선양 받을 초기에는 백성의 호수戶數가 4백만에 차지 않았으나 말년에는 8백만을 넘었다. 그러나 속임수로 천하를 얻은 것이기 때문에 시기가 많아 가혹하게 살폈으며, 참언을 믿고 수용하여 공신과 옛 친구들로서 생명을 처음부터 끝까지 지켜낸 자가 없었다.

재위 24년, 연호를 두 번 고쳐 개황開皇, 인수仁壽라 하였다. 태자가 섰다. 이가 양황제煬皇帝이다.(605년)

帝性嚴重, 勤於政事, 令行禁止. 雖嗇於財, 賞功不吝, 愛養百姓, 勸課農桑, 輕徭薄賦, 自奉儉薄, 天下化之. 受禪之初, 民戶不滿四百萬, 末年踰八百萬. 然自以詐力得天下, 猜忌苛察, 信受讒言,功臣故舊, 無終始保全者.

在位二十四年, 改元者二, 曰開皇·仁壽. 太子立, 是爲煬皇帝.

【嗇】 '인색하다'의 뜻.(恡也. －원주)

【不嗇】 공 있는 자에게 상을 내림에 인색함이 없었음을 말함.(賞有功則不嗇惜.
　－원주)

2. 煬皇帝

🅢 煬帝. 隋나라의 제2대 황제.
楊廣. 605년~618년 재위.

614 양황제煬皇帝

(1) 토목공사

양황제는 이름이 광楊廣으로 개황
開皇 말년에 태자가 되었는데 이 날
천하에 큰 지진이 있었다.

즉위하자 우선 먼저 낙양洛陽에 현
인궁顯仁宮을 짓고 장강長江에서 오령
五嶺에 이르는 사이의 진기한 목재와
기이한 돌을 징발하고, 다시 해내의
좋은 나무와 기이한 풀, 진기한 새와
짐승들을 모아 이것들로 원유苑囿에
채웠다. 또 통제거通濟渠라는 운하를
열었는데 장안長安의 서원西苑으로
부터 곡수穀水와 낙수洛水를 끌어들여
황하로 흐르게 하고, 황하를 끌어다

〈隋煬帝像〉

변수汴水로 들여보내고 변수를 끌어다가 사수泗水로 들여보내어 회수
淮水로 연결하였다.

그리고 백성을 징발하여 한구邗溝를 파서 강수江水로 들게 하였으며 그 옆으로 어도御道를 쌓아 버드나무를 심고, 장안으로부터 강도江都 사이에 이궁離宮 40여 개소를 지었다. 그리고 사람을 강남江南으로 보내어 용선龍船과 잡선雜船 수만 척을 만들도록 하여 황제의 유행遊幸의 용도로 준비하도록 하였다.

　　煬皇帝:

　　名廣, 開皇末立爲太子, 是日天下地震. 卽位首營洛陽顯仁宮, 發江嶺奇材異石, 又求海內嘉木異草, 珍禽奇獸, 以實苑囿.

　　又開通濟渠, 自長安西苑, 引穀洛水, 達于河; 引河入汴, 引汴入泗, 以達于淮. 又發民, 開邗溝入江, 旁築御道, 樹以柳, 自長安至江都, 置離宮四十餘所. 遣人往江南, 造龍舟及雜船數萬艘, 以備遊幸之用.

【江嶺】《通鑑》에 "大江以南五嶺以北"이라 함.(원주)
【汴】물 이름. 물은 延州 陽城縣 菠蕩渠에서 발원하여 下邳에서 泗水와 합류한 다음 淮水로 흘러 들어감.(水出延州陽城縣菠蕩渠, 至下邳會泗水入淮. ─원주)
【邗】廣陵에 있는 물 이름.
【江都】縣 이름으로 揚州에 속함.
【離宮】놀이를 위해 만든 별궁.(往來遊幸曰離宮. ─원주)

(2) 사치와 놀이에 빠진 황제

　서원西苑은 둘레가 2백 리나 되었고 그 안에 바다를 만들었는데 주위가 10여 리나 되었다. 이에 그 안에 봉래蓬萊, 방장方丈, 영주瀛洲 등의 산을 만들었으며 그 높이가 백여 척이나 되었고, 대관臺觀과 궁전宮殿이 나열되어 산 위까지 연결되도록 하였다. 그 바다의 북쪽에 도랑이 있어 물이 휘돌아 그 바다로 흘러들게 하였으며, 그 도랑을 따라 16개의 원각院閣을 만들었는데 문은 모두가 도랑을 향하여 그 화려함이 끝이 없을 정도였다.

　궁궐 나무가 잎이 떨어지면 비단을 잘라 꽃과 잎의 모양을 만들어 이를 이어 달았으며, 못 안에도 비단을 잘라 연꽃과 마름 풀, 가시연 등을 만들어 띄워놓고 빛이 바래면 새것으로 바꾸게 하였다. 달밤에 놀기를 좋아하여 궁녀 수천 명을 말에 태워 서원西苑으로 놀러 나가 청야유淸夜遊라는 노래를 지어 말 위에서 연주시켰다.

　西苑周二百里, 其內爲海, 周十餘里. 爲蓬萊·方丈·瀛洲諸山, 高百餘尺, 臺觀宮殿, 羅絡山上. 海北有渠, 縈紆注海, 緣渠作十六院, 門皆臨渠, 窮極華麗. 宮樹凋落, 剪綵爲花葉綴之, 沼內亦剪綵爲荷支菱芡, 色渝則易新者. 好以月夜, 從宮數千, 騎遊西苑, 作淸夜遊曲, 馬上奏之.

【荇】 마름 풀의 다른 이름.(菱別名. −원주)
【芡】 가시연. 닭 머리 모양으로 만들었음.(雞頭也. −원주)

615 대운하大運河의 건설

　　뒤에 다시 영제거永濟渠를 파서 심수沁水를 끌어 남쪽으로는 하수에 이르게 하고 북쪽으로는 탁군涿郡과 소통시켰다. 다시 분양궁汾陽宮을 지었으며, 다시 강남하江南河를 팠는데 이는 경구京口로부터 여항餘杭에 이르는 8백 리였다.

　　○ 後又開永濟渠, 引沁水, 南達于河, 北通涿郡. 又營汾陽宮, 又穿江南河, 自京口至餘杭八百里.

【沁】물 이름. 沁州에서 발원하여 晉州, 絳州, 擇州를 거쳐 남쪽으로 河水로
　　흘러든다.(水出沁州, 歷晉絳擇三州, 南入于河. −원주)
【汾陽宮】汾州 북쪽에 있음.
【餘抗】縣 이름. 杭州에 속함.

大運河. 揚州 文光塔

616 끝없는 토목공사와 순유巡遊

(1) 낙구창洛口倉과 흥락창興洛倉

낙구창洛口倉이라는 창고를 공현鞏縣의 동남쪽 언덕에 지었는데 그 성은 둘레가 20리, 3천 개의 땅굴이 있었다. 낙양 북쪽에 흥락창興洛倉을 만들었으니, 그 성의 둘레는 10리, 땅굴이 3백 개였으며 땅 굴은 각기 모두 8천 섬을 저장할 수 있었다.

황제는 혹 낙양에 가거나 또는 강도江都에 가거나, 또는 북쪽을 순유巡遊하여 유림楡林, 금하金河까지 갔으며, 혹 오원五原에도 가고 장성長城을 순유하기도 하고 황하의 북쪽까지도 순수하였다. 이처럼 토목공사와 순유를 하지 않고 보내는 해가 없었다.

○ 置洛口倉於鞏東南原上, 城周二十餘里, 穿三千窖. 置興洛倉於洛陽北, 城周十里, 穿三百窖, 窖皆容八千石. 帝或如洛陽, 或如江都, 或北巡至楡林·金河, 或如五原, 巡長城, 或巡河右. 營造巡遊無虛歲.

【鞏】 현 이름. 河南에 속함.
【楡林】 縣 이름으로 雲中에 속함.
【金河】 역시 縣 이름으로 雲州에 속함.

⑵ 한 달씩 놀고 나야 직성이 풀려

천하의 매사냥꾼을 불러 모았더니 이에 응하여 모인 자가 만여 명이나 되다. 천하의 산악散樂을 모아 여러 번 방이 조공해 오면 단문端門 앞에 온갖 연극을 펼치고 각종 악기로 연주하는 악사가 1만 8천 명이나 되었으며 이러한 놀이는 한 달이 지나서야 끝이 나곤 하였다. 그러한 비용은 거만巨萬 금이나 되었

隋 煬帝 〈夜遊圖〉

으며 해마다 이를 상례常例로 여겼다.

徵天下鷹師, 至者萬餘人, 徵天下散樂, 諸蕃來朝, 陳百戲於端門, 執絲竹者萬八千人, 終月而罷. 費巨萬, 歲以爲常.

【端門】임금의 정문을 단문이라 함.(君之正門曰端門. ―원주)
【絲竹】현악기와 관악기를 통틀어 하는 말. 음악.(絃曰絲, 管曰竹. ―원주)
【巨】'鉅'와 같음.

617 고구려高句麗 정벌을 준비하다

양제는 고구려왕高麗王을 입조토록 불렀으나 이에 응하지 않자 대업大業 7년(611년) 자신이 직접 장수가 되어 고구려 정벌에 나서서 천하의 군사를 탁군涿郡에 모이도록 징집하였다.

이리하여 하남河南, 회남淮南, 강남江南에 칙명을 내려 전투용 수레 5만 승을 만들도록 하였으니 이를 의복과 갑옷 등을 실어 나르는데 공급하도록 하였다.

하남河南, 하북河北의 백성들을 징발하여 군에서 부리는 일꾼으로 공급하도록 하였으며, 강회江淮 이남의 인부는 여양黎陽 및 낙구洛口의 창고 군량을 배로 운반토록 하였다. 그런데 그 고물과 이물이 맞닿아 천리에 이어졌으며 왕래하는 자가 항상 수십만 명에 이르러 밤낮을 끊이지 않았다. 죽는 자가 서로 베고 누울 정도가 되자 천하가 소란해지기 시작하였으며, 백성은 곤궁해져 서로 무리지어 도둑이 되기 시작하였다.

〈고구려의 기상〉집안 벽화

○ 徵高麗王入朝, 不至, 大業七年, 帝自將擊高麗, 徵天下兵會
涿郡. 敕河南・淮南・江南, 造戎車五萬乘, 供載衣甲等. 發河南・
河北民夫供軍須, 江淮以南民夫, 船運黎陽及洛口倉倉米, 舳艫
千里, 往還常數十萬人, 晝夜不絶. 死者相枕, 天下騷動, 百姓窮困,
始相聚爲盜.

【軍須】 군에서 필요한 것을 공급함.(供給軍中所須. −원주)
【黎陽】 縣 이름으로 濬州에 속함.
【舳艫】 '축로'로 읽으며 배의 뒤를 舳이라 하고 앞쪽을 艫라 함.(音逐盧, 船後曰舳,
舟前曰艫. −원주) 고물과 이물.

618 두건덕竇建德의 기병

장남漳南의 두건덕竇建德이 기병하였다.

○ 漳南竇建德兵起.

【漳】 물 이름. 기록에 의하면 그 발원은 두 곳으로 하나는 上黨 治縣의 大黽谷에서
나오는 것으로 이를 淸漳이라 하며 하나는 上黨의 長子縣 鹿谷山에서 나오는
것으로 濁漳이라 한다. 酈道元이 말한 衡水이다. 동으로 鄴에 이르러 淸漳과
합류하여 동북쪽으로 阜城에 이르러 河水로 흘러든다.(水名. 案: 書傳其源有二:
一出上黨治縣大黽谷, 名爲淸漳; 一出上黨長子縣鹿谷山, 名爲濁漳; 酈道元謂之
衡水. 東至鄴合淸漳, 東北至阜城入河. ―원주)

619 고구려高句麗에게 대패하다

양제가 징집한 사방의 군사가 모두 탁군涿郡에 모여 113만 명이나 되었으며, 군량을 운반하는 자가 그 두 배가 되어 그 무리의 머리에서 꼬리까지 그 길이가 천여 리에 뻗쳤다. 황제는 요동遼東에 이르러 고구려 성을 공격하였으나 이기지 못하고 모든 군사가 대패하여 돌아갔다.

이듬해 다시 군사를 징발하여 자신이 장수가 되어 다시 고구려를 쳤다.

〈隋煬帝龍舟出行圖〉 청대(그림)

○ 帝所徵四方兵, 皆集涿郡, 一百一十三萬, 餽運者倍之, 首尾亘千餘里. 帝至東, 攻城不克, 諸軍大敗而還.

明年再徵兵, 自將擊之.

620 갈수록 문란해지는 정치

초공楚公 양현감楊玄感이 조정의 정치가 날로 문란해짐을 보고 몰래 모반을 일으킬 준비를 하고 있었다. 그는 이때에 이르러 여양黎陽으로 군량을 운반하는 감독이 되어 마침내 반란을 일으켰다. 황제는 군사를 이끌고 돌아와 장수를 파견하여 이를 치게 하였다. 양현감은 낙양洛陽으로부터 군사를 이끌고 동관潼關으로 달아났으나 군사는 패하고 죽음을 당하였다.

황제는 다시 탁군으로 가서 고려를 쳤으나 고려가 사신을 보내어 항복을 청하여 황제는 장안으로 돌아왔다.

얼마 후 황제는 낙양, 분양汾陽, 강도江都를 돌아다녀 순유巡遊는 여전히 한 해도 거르는 일이 없었다.

○ 楚公楊玄感, 見朝政日紊, 潛謀作亂. 至是督運黎陽, 遂反. 帝引軍還, 遣將擊之. 玄感自洛陽, 引兵趨潼關, 兵敗走死. 帝又如涿郡, 伐高麗. 高麗遣使請降, 帝還長安. 已而如洛陽, 如汾陽, 如江都, 巡遊仍無虛歲.

621 이씨李氏가 왕이 되리라

포산공蒲山公 이밀李密이 기병하였다. 이밀은 젊을 때부터 재략이 있고 지기가 웅원하였으며, 재물보다는 선비를 좋아하였다. 일찍이 황소를 타고 한서漢書를 소의 뿔에 걸어 놓고 읽었다. 초공楚公 양소楊素가 이를 만나 기이하게 여겨, 이로써 이밀은 양소의 아들 현감玄感과 사귀게 되었다.

처음 이밀은 양현감을 따라 기병하였으나 패하여 죽자 이밀은 자신의 이름을 바꾸고 달아나 숨었다. 당시 세상에는 이런 소문이 떠돌았다. "양씨楊氏는 장차 망할 것이요, 이씨李氏가 장차 흥하리라."

그리고 민요가 있었으니 그 가사는 이러하였다.

"도리자桃李子가 있으리니, 황후는 양주揚州로 가서 화원花園 안에서 즐기기 바쁘리라. 헛된 말이라 여기지 말라. 누구나 그렇게 말하고 있다"

'도리자桃李子'는 도망한 이씨李氏 성을 가진 자를 말하며, '헛된 말이라 여기지 말라. 누구나 그렇게 말한다'는 것은 이밀李密을 가리킨다.

이밀은 드디어 도둑 적양翟讓의 무리와 함께 군사를 일으켜 형양滎陽을 공격하여 함락시켰다. 장군의 깃발을 세워 부대를 거느리고 서쪽으로 나아가, 여러 성을 설득하여 크게 얻게 되었다.

○ 蒲山公李密兵起, 密少有才略, 志氣雄遠, 輕財好士. 嘗乘黃牛, 以漢書掛牛角讀之, 楚公楊素遇而奇之, 由是與素子玄感游. 初從玄感起兵, 玄感敗, 密變姓名亡匿.

時人皆云:「楊氏將滅, 李氏將興.」

又有民謠, 歌曰:『桃李子, 皇后走揚州, 宛轉花園裏. 勿浪語, 誰道許.』

謂桃李子者, 逃亡李氏子也; 莫浪語誰道許者, 密也. 密遂與
羣盜翟讓等起, 攻滎陽下之, 建牙統所部西行, 說下諸城大獲.

【桃李子】'桃'는 '逃'와 같음.

622 임사홍林士弘이 초제楚帝를 칭하다

파양鄱陽의 도둑 두목 임사홍林士弘이 초제楚帝를 칭하며 강남江南을 점거하였다.(616년)

○ 鄱陽賊帥林士弘, 稱楚帝, 據江南.

【鄱】 지명. 縣으로 饒州에 속한다.

623 두복위杜伏威가 역양曆陽을 점거하다

두복위杜伏威가 역양歷陽을 점거하였다.

○ 杜伏威據歷陽.

624 두건덕竇建德이 장락왕長樂王을 칭하다

두건덕竇建德이 장락왕長樂王이라 칭하였다.(617년)

○ 竇建德稱長樂王.

625 각지의 기병

마읍馬邑 교위 유무주劉武周와 삭방朔方 낭장郎將 양사도梁師都가 각각 그 군을 점거하고 기병하였다.(617년)

○ 馬邑校尉劉武周, 朔方郎將梁師都, 各據郡起兵.

626 이밀李密

　이밀李密은 흥락창興洛倉을 점거하고 하남河南의 여러 군을 약취하여
위공魏公이라 칭하였다.

　○ 李密據興洛倉, 略取河南諸郡, 稱魏公.

627 돌궐突厥의 흥기

 돌궐突厥이 유무주劉武周를 세워 정양칸定陽可汗으로 삼고 누번樓煩, 정양定讓, 안문雁門 등 여러 군을 취하였다.

 ○ 突闕立劉武周, 爲定陽可汗, 取樓煩·定襄·雁門諸郡.

【可汗】'칸'으로 읽으며 북방의 군장을 칭하는 말이다.(音克寒, 北方君長之號. −원주)
【樓煩】山西에 속하며 지금의 嵐州이다.

628 양사도梁師都

양사도梁師都가 조음雕陰, 홍화弘化, 연안延安 등 군을 취하여 자칭 양제梁帝라 하였다.(617년)

○ 梁師都取雕陰・弘化・延安等郡, 自稱梁帝.

【雕陰】陝西에 속하며 上郡.
【弘化】鞏昌에 속하며 지금의 慶陽府.
【延安】陝西에 속하며 지금의 延州府.

629 설거薛擧

금성金城 교위 설거薛擧가 농서隴西에서 기병하여 서진패왕西秦霸王을 자칭하였다.(617년)

○ 金城校尉薛擧, 起兵隴西, 自稱西秦霸王.

630 이궤李軌

무위武威 사마 이궤李軌가 하서河西에서 기병하여 양왕凉王을 자칭하였다.

○ 武威司馬李軌, 起兵河西, 自稱凉王.

631 설거薛擧가 칭제하다

설거薛擧가 진제秦帝를 자칭하며(618년) 천수天水로 옮겨 점거하였다.

○ 薛擧自稱秦帝, 徙據天水.

632 소선蕭銑

소선蕭銑이 파릉巴陵에서 기병하여 양왕梁王을 자칭하였다.(617년)

○ 蕭銑起兵巴陵, 自稱梁王.

【銑】 後梁 宣帝의 曾孫이다.

633 이연李淵의 기병

　당공唐公 이연李淵이 태원太原에서 기병하여 여러 군을 정복하고 장안
長安으로 들어왔다.(618년) 이때는 수隋의 대업大業 12년으로 양제煬帝는
강도江都에 있었는데, 이연은 멀리서 그를 태상황太上皇으로 높이고
그의 손자 대왕代王을 세웠다. 이가 공황제恭皇帝이다.

　○ 唐公李淵, 起兵太原, 克諸郡入長安. 時隋大業十二年, 帝在
江都, 淵遙尊爲太上皇, 而立代王, 是爲恭皇帝.

3. 恭皇帝

634 공황제恭皇帝

공황제는 이름이 유楊侑이며 양제의 손자이다. 나이 열셋에 이연李淵에
의해 제위에 올랐다.(617년) 대업大業 13년, 연호를 고쳐 의녕義寧이라
하였다.

이연은 대승상大丞相이 되어 당왕唐王에 봉해졌다. 양제는 강도江都
에서 음학淫虐이 날로 심하여 술잔을 입에서 떼지 않을 정도였다. 게다가
중원中原이 이미 어지러워졌음을 보고 북쪽으로 돌아갈 마음이 없었다.

황제의 어가御駕를 따라온 자들은 거의가 관중關中 사람이 많아 돌아가
고 싶은 생각에 드디어 반란을 모의하여 허공許公 우문화급宇文化及을
왕으로 삼아 밤에 군사를 이끌고 궁궐로 쳐들어가 양제를 목 졸라
죽였다.

종실에는 노소를 가리지 않고 모두 죽고 없었으며, 오직 진왕秦王
호浩만이 살아 있었다. 이를 세우고 우문화급은 스스로 대승상이 되어
무리를 옹유하여 서쪽 장안으로 향하였다.

恭皇帝:

名侑, 煬帝之孫也. 年十三爲李淵所立. 改大業十三年爲義寧.
淵爲大丞相, 封唐王. 煬帝在江都, 淫虐日甚, 酒卮不離口. 見中

原已亂, 無心北歸. 從駕多關中人, 思歸遂謀叛, 以許公宇文化及爲王, 夜引兵入宮, 縊殺煬帝. 宗室無少長皆死, 惟存秦王浩, 立之, 而自爲大丞相, 擁衆而西.

【煬帝之孫】元德太子의 어린 아들이다.
【許公宇文化及】許國에 봉해진 公爵으로 宇文은 성이며 化及은 이름이다. 後周의
　후손이다.
【浩】煬帝의 아우.

635 소선蕭銑이 황제를 칭하다

양梁의 소선蕭銑이 강릉江陵에서 황제를 칭하였다.(617년)

○ 梁蕭銑稱帝於江陵.

636 수隋나라의 멸망

수제隋帝 유楊侑는 즉위한 지 반년 만에 당唐에게 선위禪位하였다.(618년)
수나라는 고조高祖로부터 이에 이르기까지 3세 37년 만에 망하였다.

○ 隋帝侑, 卽位半年禪于唐.
隋自高祖至是三世, 凡三十七年而亡.

【七】마땅히 '八'자여야 한다.(當作八. -원주)
● 본 隋나라에 대한 司馬光의 史評은 다음과 같다.
司馬溫公曰: 「文帝之於周室. 非有功德, 素洽於人. 直以天元暴崩, 嗣君幼弱,
姦臣矯命, 激幸得之. 然明敏儉約, 勤於政治, 隨才任官, 信賞必罰. 故能取江
南三百年之國, 易於反掌. 使天下復爲一統, 百姓繁庶, 衣食豐衍. 突厥, 室韋,
靺鞨, 林邑, 高昌, 女眞之屬, 莫不入貢. 雖兩漢全盛之時, 不能過也. 向使後嗣
僅得中材之主, 以守之, 十世之內未易亡也. 煬帝以悖逆詐謀, 坐承富強之業,
志驕氣溢, 慨然慕泰皇漢武之爲人, 窮奢極欲, 兵連四夷, 政煩賦重, 盜賊蜂起,
而巡遊不息, 以藥陷憂. 惡聞直言, 自喜雍蔽. 噫! 是道也. 雖禹湯文武之子孫,
未或不亡, 況隋無積善之基乎?」

陶女俑

〈青瓷蓮花尊

擊鼓陶俑

陶立俑

青瓷武士俑

陶文官俑

騎馬陶俑

임동석(茁浦 林東錫)

慶北 榮州 上茁에서 출생. 忠北 丹陽 德尙골에서 성장. 丹陽初中 졸업. 京東高 서울 敎大 國際大 建國大 대학원 졸업. 雨田 辛鎬烈 선생에게 漢學 배움. 臺灣 國立臺灣師 範大學 國文硏究所(大學院) 博士班 졸업. 中華民國 國家文學博士(1983). 建國大學校 敎授. 文科大學長 역임. 成均館大 延世大 高麗大 外國語大 서울대 등 大學院 강의. 韓國中國言語學會 中國語文學硏究會 韓國中語中文學會 會長 역임. 저서에 《朝鮮譯 學考》(中文) 《中國學術槪論》 《中韓對比語文論》. 편역서에 《수레를 밀기 위해 내린 사람들》 《栗谷先生詩文選》. 역서에 《漢語音韻學講義》 《廣開土王碑硏究》 《東北民族 源流》 《龍鳳文化源流》 《論語心得》 〈漢語雙聲疊韻硏究〉 등 학술 논문 50여 편.

임동석중국사상100

십팔사략十八史略

曾先之 編 / 林東錫 譯註
1판 1쇄 발행/2009년 12월 12일
3쇄 발행/2015년 12월 1일
발행인 고정일
발행처 동서문화사
창업 1956. 12. 12. 등록 16-3799
서울중구다산로12길6(신당동,4층) ☎546-0331~6 (FAX)545-0331
www.dongsuhbook.com
잘못 만들어진 책은 바꾸어 드립니다.

*

*

사업자등록번호 211-87-75330
ISBN 978-89-497-0568-2 04080
ISBN 978-89-497-0542-2 (세트)